Table des matières

Les tableaux

Dans le tableau, il y a 2 rangées avec 4 blocs chacune.
Compte en faisant des bonds de 4 pour calculer le nombre de blocs.
La multiplication est donc 2 x 4 = 8.

Écris la multiplication représentée par chaque tableau.

 __2__ rangées et __3__ blocs dans chaque rangée __2 × 3 = 6__

a)  ___rangées et ___ blocs dans chaque rangée _____

b) 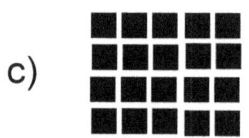 ___ rangées et___ blocs dans chaque rangée _____

c)  ___ rangées et ___ blocs dans chaque rangée _____

Écris la multiplication représentée par chaque tableau.

a)  _____

b) _____

c) 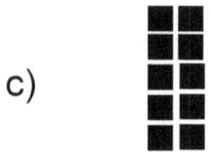 _____

d) _____

Les tableaux (suite)

Dessine un tableau pour chaque multiplication.
Écris la multiplication représentée par chaque tableau.

a) 8 × 2 = _____

b) 6 × 4 = _____

c) 1 × 5 = _____

d) 2 × 8 = _____

e) 7 × 5 = _____

f) 7 × 2 = _____

g) 4 × 4 = _____

h) 3 × 6 = _____

i) 3 × 2 = _____

j) 4 × 6 = _____

k) 5 × 5 = _____

l) 3 × 4 = _____

Les tableaux (suite)

Dessine un tableau pour chaque multiplication.

Écris la multiplication représentée par chaque tableau.

a) 4 × 7 = _____

b) 10 × 4 = _____

c) 4 × 5 = _____

d) 8 × 3 = _____

e) 5 × 6 = _____

f) 9 × 4 = _____

g) 3 × 3 = _____

h) 6 × 5 = _____

i) 8 × 5 = _____

j) 9 × 2 = _____

k) 7 × 4 = _____

l) 1 × 10 = _____

Multiplier en comptant par bonds

Quand tu mutiplies deux nombres, la réponse s'appelle le produit.
Compte en faisant des bonds sur la droite numérique. Multiplie et écris le produit.

$3 \times 4 =$

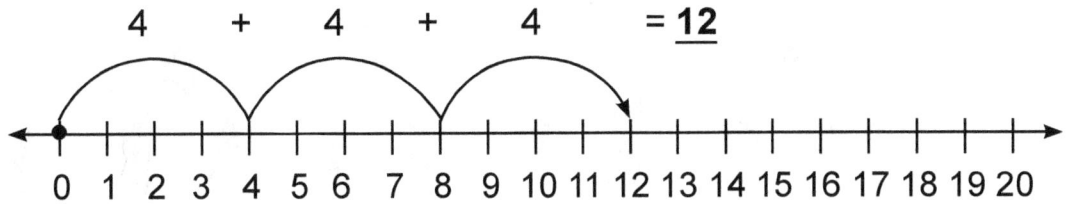

$3 \times 4 = \underline{\textbf{12}}$

$4 \times 2 =$

$= \underline{\hspace{1cm}}$

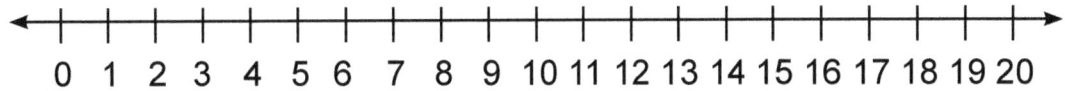

$4 \times 2 = \underline{\hspace{1cm}}$

$5 \times 3 =$

$= \underline{\hspace{1cm}}$

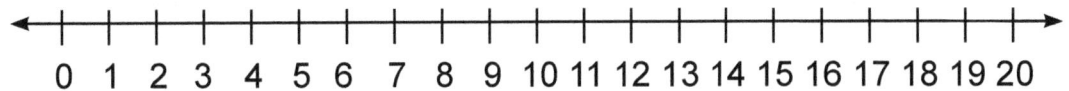

$5 \times 3 = \underline{\hspace{1cm}}$

$2 \times 8 =$

$= \underline{\hspace{1cm}}$

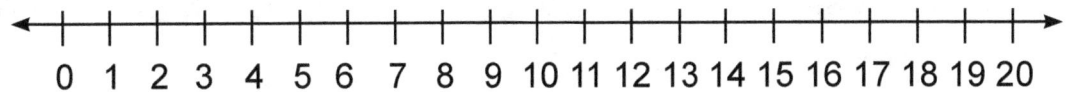

$2 \times 8 = \underline{\hspace{1cm}}$

Compter par bonds

Écris les nombres manquants.

Compte par bonds de 3.

Il y a _____ groupe de 3 créatures.   Il y a _____ créatures en tout.

Compte par bonds de 5.

Il y a _____ groupe de 5 créatures.   Il y a _____ créatures en tout.

Compte par bonds de 10.

Il y a _____ groupe de 10 créatures.   Il y a _____ créatures en tout.

Amusons-nous avec les multiplications

Trouve le produit.

6 rangées de 6

6 × 6 = _____

5 rangées de 4

5 × 4 = _____

2 rangées de 5

2 × 5 = _____

4 rangées de 3

4 × 3 = _____

6 rangées de 2

6 × 2 = _____

4 rangées de 2

4 × 2 = _____

3 rangées de 5

3 × 5 = _____

3 rangées de 3

3 × 3 = _____

4 rangées de 6

4 × 6 = _____

Additions et mutliplications

Écris les phrases mathématiques des additions et des multiplications.

Observe les groupes de 3.

Phrase mathématique :

Il y a 3 groupes égaux.

3 + 3 + 3 = **9**

↑   ↑   ↑   ↑
facteurs   produit

Phrase mathématique :

Il y a 3 groupes égaux.

3 × 3 = **9**

↑   ↑   ↑
facteurs produit

8 + 8 = _____

2 × 8 = _____

10 + 10 = _____

2 × 10 = _____

3 + 3 + 3 + 3 = _____

4 × 3 = _____

2 + 2 + 2 = _____

3 × 2 = _____

7 + 7 = _____

2 × 7 = _____

6 + 6 = _____

2 × 6 = _____

Additions et mutliplications (suite)

Écris les phrases mathématiques des additions et des multiplications.

___ + ___ + ___ + ___ + ___ = ___   ___ × ___ = ___

___ + ___ = ___   ___ × ___ = ___

___ + ___ + ___ + ___ = ___   ___ × ___ = ___

___ + ___ + ___ + ___ + ___ = ___   ___ × ___ = ___

___ + ___ = ___   ___ × ___ = ___

___ + ___ = ___   ___ × ___ = ___

___ + ___ + ___ + ___ = ___   ___ × ___ = ___

___ + ___ = ___   ___ × ___ = ___

___ + ___ + ___ = ___   ___ × ___ = ___

Amuse-toi à associer les sommes et les produits

Écris chaque somme et produit. Avec ton surligneur, associe chaque produit et somme équivalentes. Utilise une couleur différente pour chaque paire.

$8 + 8 =$ _____ $3 \times 6 =$ _____

$6 + 6 + 6 =$ _____ $2 \times 4 =$ _____

$2 + 2 + 2 + 2 + 2 + 2 + 2 + 2 + 2 + 2 =$ _____ $5 \times 9 =$ _____

$9 + 9 + 9 + 9 + 9 =$ _____ $9 \times 9 =$ _____

$7 + 7 =$ _____ $7 \times 10 =$ _____

$9 + 9 =$ _____ $2 \times 8 =$ _____

$3 + 3 + 3 + 3 =$ _____ $10 \times 2 =$ _____

$10 + 10 + 10 + 10 + 10 + 10 + 10 =$ _____ $2 \times 1 =$ _____

$3 + 3 + 3 + 3 + 3 + 3 =$ _____ $2 \times 3 =$ _____

$4 + 4 =$ _____ $6 \times 5 =$ _____

$9 + 9 + 9 + 9 + 9 + 9 + 9 + 9 + 9 =$ _____ $4 \times 2 =$ _____

$3 + 3 =$ _____ $6 \times 3 =$ _____

$2 + 2 + 2 + 2 =$ _____ $2 \times 7 =$ _____

$1 + 1 =$ _____ $4 \times 3 =$ _____

$5 + 5 + 5 + 5 + 5 + 5 =$ _____ $2 \times 9 =$ _____

> Indice : la réponse d'une addition s'appelle une **somme**.
> La réponse d'un mutliplication s'appelle un **produit**.

Multiplier par 0 et 1

Lorsqu'un nombre est multiplié par 1, le produit est toujours le même que le plus grand facteur. Par exemple, 10 × 1 = 10.	Lorsqu'un nombre est multiplié par 0, le produit est toujours 0, peu importe le facteur. Par exemple, 0 × 4 = 0.

Multiplie.

0 × 5 = _____   2 × 1 = _____   8 × 1 = _____   0 × 3 = _____

4 × 1 = _____   0 × 6 = _____   3 × 1 = _____   7 × 1 = _____

0 × 1 = _____   11 × 1 = _____   0 × 8 = _____   6 × 1 = _____

5 × 1 = _____   0 × 7 = _____   9 × 1 = _____   0 × 12 = _____

12 × 1 = _____   0 × 10 = _____   10 × 1 = _____   0 × 4 = _____

Utiliser les doubles pour multiplier

Quel est le double de 13?

13 = 10 + 3
Le double de 10 est 20.
Le double de 3 est 6.
20 + 6 = 26
Le double de 13 est donc 26.

Dessine un modèle. Ensuite, double le nombre.

Quel est le double de 16?

16 = 10 + ___

Le double de 10 est ___.

Le double de ___ est ___.

___ + ___ = ___

Le double de 16 est ___.

Quel est le double de 18?

18 = 10 + ___

Le double de 10 est ___.

Le double de ___ est ___.

___ + ___ = ___

Le double de 18 est ____.

Quel est le double de 12?

12 = 10 + ___

Le double de 10 est ____.

Le double de ____ est ___.

___ + ___ = ___

Le double de 12 est ____.

Quel est le double de 22?

22 = 20 + ___

Le double de 20 est ____.

Le double de ____ est ___.

___ + ___ = ___

Le double de 22 est ____.

Utiliser les doubles pour multiplier (suite)

Si tu connais le double d'un nombre, tu peux le doubler pour trouver le quadruple du nombre.

Pour 4 x 6, tu sais que :

2   ×   6   =   12

$2 \times 6 = 12$

$4 \times 6 = 24$

Double le 2 pour obtenir 4. Double le produit pour obtenir 24.
Donc, $4 \times 6 = $ **24**.

Utilise les doubles pour multiplier. Dessine un tableau pour t'aider à multiplier.

a) $2 \times 6 = $ _____

   Donc, $4 \times 6 = $ _____

b) $2 \times 8 = $ _____

   Donc, $4 \times 8 = $ _____

c) $2 \times 9 = $ _____

   Donc, $4 \times 9 = $ _____

d) $2 \times 5 = $ _____

   Donc, $4 \times 5 = $ _____

e) $3 \times 7 = $ _____

   Donc, $6 \times 7 = $ _____

f) $3 \times 5 = $ _____

   Donc, $6 \times 5 = $ _____

Associer la multiplication à l'addition : la table de 2

Complète la multiplication de la table de 2. Utilise une table de multiplication pour t'aider. Ensuite, écris les sommes. Avec ton surligneur, colorie les additions et les produits qui sont équivalents. Utilise une couleur différente pour chaque paire.

$1 \times 2 =$ _____

$2 + 2 + 2 + 2 + 2 + 2 + 2 + 2 + 2 + 2 + 2 + 2 =$ _____

$2 \times 2 =$ _____

$2 + 2 + 2 + 2 + 2 =$ _____

$3 \times 2 =$ _____

$2 + 2 + 2 + 2 + 2 + 2 + 2 + 2 =$ _____

$4 \times 2 =$ _____

$2 + 2 + 2 + 2 + 2 + 2 + 2 + 2 + 2 + 2 =$ _____

$5 \times 2 =$ _____

$2 + 2 + 2 + 2 + 2 + 2 + 2 =$ _____

$6 \times 2 =$ _____

$2 + 0 =$ _____

$7 \times 2 =$ _____

$2 + 2 + 2 =$ _____

$8 \times 2 =$ _____

$2 + 2 + 2 + 2 + 2 + 2 + 2 + 2 + 2 + 2 + 2 =$ _____

$9 \times 2 =$ _____

$2 + 2 + 2 + 2 =$ _____

$10 \times 2 =$ _____

$2 + 2 + 2 + 2 + 2 + 2 + 2 + 2 + 2 =$ _____

$11 \times 2 =$ _____

$2 + 2 =$ _____

$12 \times 2 =$ _____

$2 + 2 + 2 + 2 + 2 + 2 =$ _____

La table de 2

Multiplie. Utilise la légende de couleurs pour colorier les produits.

Légende de couleurs
- 0 - rouge
- 2 - orange
- 4 - jaune
- 6 - vert pâle
- 8 - vert
- 10 - bleu pâle
- 12 - bleu foncé
- 14 - violet
- 16 - rose
- 18 - brun
- 20 - gris
- 22 - noir
- 24 - doré

$$8 \times 2$$

$$0 \times 2$$

$$3 \times 2$$

$$7 \times 2$$

$$6 \times 2$$

$$5 \times 2$$

$$1 \times 2$$

$$4 \times 2$$

$$9 \times 2$$

$$11 \times 2$$

$$12 \times 2$$

$$2 \times 11$$

$$2 \times 2$$

$$2 \times 7$$

$$2 \times 9$$

$$2 \times 4$$

$$2 \times 10$$

$$2 \times 6$$

$$2 \times 3$$

$$2 \times 5$$

$$2 \times 8$$

$$2 \times 1$$

$$2 \times 12$$

$$2 \times 0$$

$$10 \times 2$$

Un conseil pour la table de 2 :
Double le nombre!
Par exemple : 4 x 2
Pense : 4 + 4 = 8. So, 4 × 2 = 8.

Souviens-toi de t'exercer à compter par bonds de 2.

La table de 2 (suite)

Trouve le produit.

L	E	G	T	A
$0 \times 2 = \underline{\quad}$	$3 \times 2 = \underline{\quad}$	$11 \times 2 = \underline{\quad}$	$9 \times 2 = \underline{\quad}$	$12 \times 2 = \underline{\quad}$

Q	R	S	I	U
$1 \times 2 = \underline{\quad}$	$4 \times 2 = \underline{\quad}$	$7 \times 2 = \underline{\quad}$	$10 \times 2 = \underline{\quad}$	$2 \times 2 = \underline{\quad}$

Charade mathématique : Quelle est la ville la plus chaude du Québec?

$$\underline{\quad}\ \underline{\quad}\ /\ \underline{\quad}\ \underline{\quad}\ \underline{\quad}\ \underline{\quad}\ \underline{\quad}\ !$$

0 24 / 18 4 2 4 6

Attention!
Certaines lettres ne sont pas utilisées dans la charade!

Trouve le facteur manquant.

$2 \times \underline{\quad} = 6$	$\underline{\quad} \times 2 = 2$	$2 \times \underline{\quad} = 12$	$\underline{\quad} \times 2 = 18$
$\underline{\quad} \times 2 = 10$	$2 \times \underline{\quad} = 22$	$\underline{\quad} \times 2 = 16$	$2 \times \underline{\quad} = 14$
$10 \times \underline{\quad} = 20$	$\underline{\quad} \times 2 = 8$	$2 \times \underline{\quad} = 4$	$\underline{\quad} \times 2 = 24$
$2 \times \underline{\quad} = 18$	$2 \times \underline{\quad} = 10$	$\underline{\quad} \times 2 = 14$	$\underline{\quad} \times 2 = 0$

Associer la multiplication à l'addition : la table de 3

Complète la multiplication de la table de 3. Utilise une table de multiplication pour t'aider. Ensuite, écris les sommes. Avec ton surligneur, colorie les additions et les produits qui sont équivalents. Utilise une couleur différente pour chaque paire.

1 × 3 = _____   3 + 3 + 3 + 3 + 3 + 3 + 3 + 3 + 3 + 3 + 3 + 3 = _____

2 × 3 = _____   3 + 3 + 3 + 3 + 3 + 3 + 3 + 3 + 3 = _____

3 × 3 = _____   3 + 3 = _____

4 × 3 = _____   3 + 3 + 3 + 3 + 3 = _____

5 × 3 = _____   3 + 3 + 3 + 3 + 3 + 3 + 3 + 3 + 3 + 3 + 3 = _____

6 × 3 = _____   3 + 3 + 3 + 3 + 3 + 3 + 3 + 3 = _____

7 × 3 = _____   3 + 3 + 3 + 3 + 3 + 3 + 3 + 3 + 3 + 3 = _____

8 × 3 = _____   3 + 3 + 3 = _____

9 × 3 = _____   3 + 3 + 3 + 3 + 3 + 3 + 3 = _____

10 × 3 = _____   3 + 3 + 3 + 3 = _____

11 × 3 = _____   3 + 0 = _____

12 × 3 = _____   3 + 3 + 3 + 3 + 3 + 3 = _____

La table de 3

Multiplie. Utilise la légende de couleurs pour colorier les produits.

Légende de couleurs
- 0 - rouge
- 3 - orange
- 6 - jaune
- 9 - vert pâle
- 12 - vert
- 15 - bleu pâle
- 18 - bleu foncé
- 21 - violet
- 24 - rose
- 27 - brun
- 30 - gris
- 33 - noir
- 36 - doré

$$\begin{array}{c} 8 \\ \times 3 \\ \hline \end{array}$$

$$\begin{array}{c} 0 \\ \times 3 \\ \hline \end{array}$$

$$\begin{array}{c} 3 \\ \times 3 \\ \hline \end{array}$$

$$\begin{array}{c} 9 \\ \times 3 \\ \hline \end{array}$$

$$\begin{array}{c} 6 \\ \times 3 \\ \hline \end{array}$$

$$\begin{array}{c} 5 \\ \times\ 3 \\ \hline \end{array}$$

$$\begin{array}{c} 2 \\ \times\ 3 \\ \hline \end{array}$$

$$\begin{array}{c} 4 \\ \times\ 3 \\ \hline \end{array}$$

$$\begin{array}{c} 7 \\ \times\ 3 \\ \hline \end{array}$$

$$\begin{array}{c} 11 \\ \times\ 3 \\ \hline \end{array}$$

$$\begin{array}{c} 12 \\ \times\ 3 \\ \hline \end{array}$$

$$\begin{array}{c} 3 \\ \times\ 0 \\ \hline \end{array}$$

$$\begin{array}{c} 3 \\ \times\ 2 \\ \hline \end{array}$$

$$\begin{array}{c} 3 \\ \times\ 7 \\ \hline \end{array}$$

$$\begin{array}{c} 3 \\ \times\ 9 \\ \hline \end{array}$$

$$\begin{array}{c} 3 \\ \times\ 4 \\ \hline \end{array}$$

$$\begin{array}{c} 3 \\ \times\ 10 \\ \hline \end{array}$$

$$\begin{array}{c} 3 \\ \times\ 6 \\ \hline \end{array}$$

$$\begin{array}{c} 1 \\ \times\ 3 \\ \hline \end{array}$$

$$\begin{array}{c} 3 \\ \times\ 5 \\ \hline \end{array}$$

$$\begin{array}{c} 3 \\ \times\ 8 \\ \hline \end{array}$$

$$\begin{array}{c} 3 \\ \times\ 1 \\ \hline \end{array}$$

$$\begin{array}{c} 3 \\ \times\ 11 \\ \hline \end{array}$$

$$\begin{array}{c} 3 \\ \times\ 12 \\ \hline \end{array}$$

$$\begin{array}{c} 10 \\ \times\ 3 \\ \hline \end{array}$$

Un conseil pour la table de 3 :

Double le nombre, puis ajoute 1 unité.
Par exemple : 3 x 5.
Pense : 2 × 5 = 10.
Puis, ajoute un autre 5: 10 + 5 = 15.
Donc, 3 × 5 = 15.

Souviens-toi de t'exercer à compter par bonds de 3.

La table de 3 (suite)

Trouve le produit.

A	D	E	H	L
$3 \times 3 = \underline{\hspace{1cm}}$	$5 \times 3 = \underline{\hspace{1cm}}$	$4 \times 3 = \underline{\hspace{1cm}}$	$11 \times 3 = \underline{\hspace{1cm}}$	$2 \times 3 = \underline{\hspace{1cm}}$
M	**N**	**R**	**S**	**T**
$6 \times 3 = \underline{\hspace{1cm}}$	$7 \times 3 = \underline{\hspace{1cm}}$	$12 \times 3 = \underline{\hspace{1cm}}$	$9 \times 3 = \underline{\hspace{1cm}}$	$10 \times 3 = \underline{\hspace{1cm}}$

Charade mathématique : Comment s'appelle la femelle du hamster?

Attention! Certaines lettres ne sont pas utilisées dans la charade!

$\underline{\hspace{1cm}}$ $\underline{\hspace{1cm}}$ / $\underline{\hspace{1cm}}$ $\underline{\hspace{1cm}}$ $\underline{\hspace{1cm}}$ $\underline{\hspace{1cm}}$ $\underline{\hspace{1cm}}$ $\underline{\hspace{1cm}}$ $\underline{\hspace{1cm}}$ $\underline{\hspace{1cm}}$ $\underline{\hspace{1cm}}$ $\underline{\hspace{1cm}}$

6   9   33   9   18   27   30   12   36   15   9   18   12

Trouve le facteur manquant.

$3 \times \underline{\hspace{0.5cm}} = 6$	$\underline{\hspace{0.5cm}} \times 3 = 3$	$3 \times \underline{\hspace{0.5cm}} = 12$	$\underline{\hspace{0.5cm}} \times 3 = 18$
$\underline{\hspace{0.5cm}} \times 3 = 21$	$3 \times \underline{\hspace{0.5cm}} = 9$	$\underline{\hspace{0.5cm}} \times 3 = 24$	$3 \times \underline{\hspace{0.5cm}} = 15$
$10 \times \underline{\hspace{0.5cm}} = 30$	$\underline{\hspace{0.5cm}} \times 3 = 33$	$3 \times \underline{\hspace{0.5cm}} = 27$	$\underline{\hspace{0.5cm}} \times 8 = 24$
$\underline{\hspace{0.5cm}} \times 6 = 18$	$3 \times \underline{\hspace{0.5cm}} = 36$	$\underline{\hspace{0.5cm}} \times 3 = 15$	$\underline{\hspace{0.5cm}} \times 3 = 0$

Double, puis ajoute un autre groupe

$3 \times 4 =$

$2 \times 4 = 8$ [⚫⚫⚫⚫ / ⚫⚫⚫⚫ / ⚪⚪⚪⚪] $3 \times 4 = \underline{\textbf{12}}$

Le double de 4 est 8.
Un groupe est composé de 4 unités.
8 + 4 = 12.
Donc, 3 x 4 = 12.

Trouve le double. Puis, ajoute un groupe.

$3 \times 7 =$

$2 \times 7 = \underline{\quad}$ [⚫⚫⚫⚫⚫⚫⚫ / ⚫⚫⚫⚫⚫⚫⚫ / ⚪⚪⚪⚪⚪⚪⚪] $3 \times 7 = \underline{\quad}$

Le double de 7 est ____.

Un groupe est

composé de ___ unités.

___ + ___ = ____.

Donc, 3 x 7 = ____.

$3 \times 5 =$

$2 \times 5 = \underline{\quad}$ [⚫⚫⚫⚫⚫ / ⚫⚫⚫⚫⚫ / ⚪⚪⚪⚪⚪] $3 \times 5 = \underline{\quad}$

Le double de 5 est ____.

Un groupe est

composé de ___ unités.

___ + ___ = ____.

Donc, 3 x 5 = ____.

$3 \times 6 =$

$2 \times 6 = \underline{\quad}$ [⚫⚫⚫⚫⚫⚫ / ⚫⚫⚫⚫⚫⚫ / ⚪⚪⚪⚪⚪⚪] $3 \times 6 = \underline{\quad}$

Le double de 6 est ____.

Un groupe est

composé de ___ unités.

___ + ___ = ____.

Donc, 3 x 6 = ____.

Double, puis ajoute un autre groupe (suite)

Trouve le double. Puis, ajoute un groupe.

$3 \times 8 =$

$2 \times 8 =$ _____

$3 \times 8 =$ _____

Le double de 8 est _____.

Un groupe est composé de _____ unités.

_____ + _____ = _____.

Donc, 3 x 8 = _____.

$3 \times 9 =$

$2 \times 9 =$ _____

$3 \times 9 =$ _____

Le double de 9 est _____.

Un groupe est composé de _____ unités.

_____ + _____ = _____.

Donc, $3 \times 9 =$ _____.

$3 \times 3 =$

$2 \times 3 =$ _____

$3 \times 3 =$ _____

Le double de 3 est _____.

Un groupe est composé de _____ unités.

_____ + _____ = _____.

Donc, $3 \times 3 =$ _____.

$3 \times 11 =$

$2 \times 11 =$ _____

$3 \times 11 =$ _____

Le double de 11 est _____.

Un groupe est composé de _____ unités.

_____ + _____ = _____.

Donc, $3 \times 11 =$ _____.

Multiplier par 1, 2 et 3

Trouve le produit. Colorie les produits impairs en rouge et les pairs en bleu.

9 × 3	1 × 2	9 × 1	4 × 1	4 × 2
7 × 2	5 × 3	1 × 1	8 × 2	6 × 3
3 × 2	2 × 1	0 × 3	2 × 3	3 × 1
0 × 2	6 × 1	2 × 2	5 × 1	5 × 2
3 × 3	6 × 2	8 × 3	9 × 2	7 × 3
8 × 1	1 × 3	7 × 1	4 × 3	0 × 1

Charade mathématique : les tables du 1, 2, et 3

Qu'est-ce qu'un monstre mange après s'être fait arracher une dent?

$$\underline{}\ \underline{}\ \Big|\ \underline{}\ \underline{}\ \underline{}\ \underline{}\ \underline{}\ \underline{}\ \underline{}\ \underline{}!$$

9 10   14 10 1 12 3 16 12 10

A $\begin{array}{r} 3 \\ \times\,0 \\ \hline \end{array}$	**B** $\begin{array}{r} 1 \\ \times\,5 \\ \hline \end{array}$	**C** $\begin{array}{r} 2 \\ \times\,8 \\ \hline \end{array}$	**D** $\begin{array}{r} 2 \\ \times\,7 \\ \hline \end{array}$	**E** $\begin{array}{r} 1 \\ \times\,10 \\ \hline \end{array}$	**F** $\begin{array}{r} 3 \\ \times\,8 \\ \hline \end{array}$
G $\begin{array}{r} 3 \\ \times\,7 \\ \hline \end{array}$	**H** $\begin{array}{r} 3 \\ \times\,10 \\ \hline \end{array}$	**I** $\begin{array}{r} 3 \\ \times\,1 \\ \hline \end{array}$	**J** $\begin{array}{r} 3 \\ \times\,9 \\ \hline \end{array}$	**K** $\begin{array}{r} 2 \\ \times\,4 \\ \hline \end{array}$	**L** $\begin{array}{r} 3 \\ \times\,3 \\ \hline \end{array}$
M $\begin{array}{r} 2 \\ \times\,3 \\ \hline \end{array}$	**N** $\begin{array}{r} 1 \\ \times\,1 \\ \hline \end{array}$	**O** $\begin{array}{r} 2 \\ \times\,2 \\ \hline \end{array}$	**P** $\begin{array}{r} 2 \\ \times\,1 \\ \hline \end{array}$	**Q** $\begin{array}{r} 2 \\ \times\,10 \\ \hline \end{array}$	**R** $\begin{array}{r} 3 \\ \times\,5 \\ \hline \end{array}$
S $\begin{array}{r} 2 \\ \times\,8 \\ \hline \end{array}$	**T** $\begin{array}{r} 3 \\ \times\,4 \\ \hline \end{array}$	**U** $\begin{array}{r} 1 \\ \times\,7 \\ \hline \end{array}$	**V** $\begin{array}{r} 3 \\ \times\,6 \\ \hline \end{array}$		

Attention! Certaines lettres ne sont pas utilisées dans la charade.

Associer la multiplication à l'addition : la table de 4

Complète la multiplication de la table de 4. Utilise une table de multiplication pour t'aider. Ensuite, écris les sommes. Avec ton surligneur, colorie les additions et les produits qui sont équivalents. Utilise une couleur différente pour chaque paire.

$1 \times 4 =$ _____ $4 + 4 + 4 + 4 =$ _____

$2 \times 4 =$ _____ $4 + 4 + 4 + 4 + 4 =$ _____

$3 \times 4 =$ _____ $4 + 4 + 4 + 4 + 4 + 4 + 4 =$ _____

$4 \times 4 =$ _____ $4 + 4 + 4 + 4 + 4 + 4 + 4 + 4 + 4 + 4 =$ _____

$5 \times 4 =$ _____ $4 + 4 + 4 + 4 + 4 + 4 + 4 + 4 + 4 =$ _____

$6 \times 4 =$ _____ $4 + 4 =$ _____

$7 \times 4 =$ _____ $4 + 4 + 4 =$ _____

$8 \times 4 =$ _____ $4 + 4 + 4 + 4 + 4 + 4 + 4 + 4 + 4 + 4 + 4 =$ _____

$9 \times 4 =$ _____ $4 + 4 + 4 + 4 + 4 + 4 + 4 + 4 + 4 + 4 + 4 + 4 =$ _____

$10 \times 4 =$ _____ $4 + 4 + 4 + 4 + 4 + 4 + 4 + 4 =$ _____

$11 \times 4 =$ _____ $4 + 0 =$ _____

$12 \times 4 =$ _____ $4 + 4 + 4 + 4 + 4 + 4 =$ _____

La table de 4

Multiplie. Utilise la légende de couleurs pour colorier les produits.

Légende de couleurs
- 0 - rouge
- 4 - orange
- 8 - jaune
- 12 - vert pâle
- 16 - vert
- 20 - bleu pâle
- 24 - bleu foncé
- 28 - violet
- 32 - rose
- 36 - brun
- 40 - gris
- 44 - noir
- 48 - doré

$$8 \times 4$$

$$0 \times 4$$

$$3 \times 4$$

$$9 \times 4$$

$$6 \times 4$$

$$5 \times 4$$

$$2 \times 4$$

$$1 \times 4$$

$$7 \times 4$$

$$11 \times 4$$

$$12 \times 4$$

$$4 \times 8$$

$$4 \times 2$$

$$4 \times 7$$

$$4 \times 9$$

$$4 \times 4$$

$$4 \times 10$$

$$4 \times 6$$

$$4 \times 3$$

$$4 \times 5$$

$$4 \times 12$$

$$4 \times 1$$

$$4 \times 11$$

$$4 \times 0$$

$$10 \times 4$$

Un conseil pour la table de 4 :

Double le nombre, puis double cette réponse.
Par exemple, 5×4.
Pense : $5 \times 2 = 10$. Puis $10 \times 2 = 20$.
Donc, $5 \times 4 = 20$.

Souviens-toi de t'exercer à compter par bonds de 4.

La table de 4 (suite)

Trouve le produit.

A	Ç	E	G	L
12 × 4 = _____	3 × 4 = _____	11 × 4 = _____	9 × 4 = _____	0 × 4 = _____

D	O	U	R	T
2 × 4 = _____	5 × 4 = _____	8 × 4 = _____	6 × 4 = _____	7 × 4 = _____

Charade mathématique : Pourquoi les cannibales ne mangent-ils pas les clowns?
Parce que...

Attention!
Certaines lettres ne sont pas utilisées dans la charade!

___ ___ / ___ ___ ___ ___ ___ / ___ ___ ___ ___ ___!
12 48   36 20 32 28 44   8   24 20   0   44

Trouve le facteur manquant.

3 × __ = 12	__ × 4 = 8	4 × __ = 24	__ × 4 = 32
__ × 4 = 16	4 × __ = 28	__ × 4 = 36	4 × __ = 44
10 × __ = 40	__ × 2 = 8	4 × __ = 48	__ × 4 = 24
__ × 9 = 36	4 × __ = 20	__ × 4 = 4	__ × 4 = 0

Associer la multiplication à l'addition : la table de 5

Complète la multiplication de la table de 5. Utilise une table de multiplication pour t'aider. Ensuite, écris les sommes. Avec ton surligneur, colorie les additions et les produits qui sont équivalents. Utilise une couleur différente pour chaque paire.

$1 \times 5 =$ _____

$5 + 5 + 5 + 5 + 5 + 5 + 5 + 5 =$ _____

$2 \times 5 =$ _____

$5 + 5 + 5 + 5 + 5 =$ _____

$3 \times 5 =$ _____

$5 + 5 + 5 + 5 + 5 + 5 + 5 + 5 + 5 + 5 + 5 + 5 =$ _____

$4 \times 5 =$ _____

$5 + 5 + 5 + 5 + 5 + 5 + 5 + 5 + 5 =$ _____

$5 \times 5 =$ _____

$5 + 5 + 5 + 5 + 5 + 5 + 5 + 5 + 5 + 5 + 5 =$ _____

$6 \times 5 =$ _____

$5 + 5 =$ _____

$7 \times 5 =$ _____

$5 + 5 + 5 + 5 + 5 + 5 + 5 + 5 + 5 + 5 =$ _____

$8 \times 5 =$ _____

$5 + 5 + 5 =$ _____

$9 \times 5 =$ _____

$5 + 5 + 5 + 5 + 5 + 5 =$ _____

$10 \times 5 =$ _____

$5 + 0 =$ _____

$11 \times 5 =$ _____

$5 + 5 + 5 + 5 + 5 + 5 + 5 =$ _____

$12 \times 5 =$ _____

$5 + 5 + 5 + 5 =$ _____

La table de 5

Multiplie. Utilise la légende de couleurs pour colorier les produits.

Légende de couleurs

 0 - rouge
 5 - orange
10 - jaune
15 - vert pâle
20 - vert
25 - bleu pâle
30 - bleu foncé
35 - violet
40 - rose
45 - brun
50 - gris
55 - noir
60 - doré

8 × 5	0 × 5	3 × 5	9 × 5	6 × 5
1 × 5	2 × 5	4 × 5	7 × 5	11 × 5
12 × 5	5 × 8	5 × 2	5 × 7	5 × 9	5 × 4
5 × 10	5 × 6	5 × 3	5 × 5	5 × 12	5 × 1
5 × 11	5 × 0	10 × 5			

Un conseil pour la table de 5 :

La réponse se termine toujours par 5 ou 0.
Le produit est la moitié du nombre multiplié
par 10.
Par exemple : 5 x 6, la moitié de 6 est 3.
10 x 3 = 30. Donc, 5 x 6 = 30.
Souviens-toi de t'exercer à compter par
bonds de 5.

La table de 5 (suite)

Trouve le produit.

A	**U**	**E**	**F**	**I**
3 × 5 = ____	10 × 5 = ____	11 × 5 = ____	4 × 5 = ____	12 × 5 = ____

O	**L**	**M**	**R**	**T**
6 × 5 = ____	7 × 5 = ____	8 × 5 = ____	9 × 5 = ____	5 × 5 = ____

Charade mathématique : Qu'est-ce qui ressemble le plus à une moitié de pomme?

____ , ____ ____ ____ ____ ____ / ____ ____ ____ ____ ____ ____
35   15   50   25   45   55   40   30   60   25   60   55

Attention!
Certaines lettres ne sont pas utilisées dans la charade!

Trouve le facteur manquant.

3 × __ = 15	__ × 5 = 10	5 × __ = 55	__ × 5 = 20
__ × 5 = 40	__ × 5 = 0	__ × 5 = 45	5 × __ = 30
10 × __ = 50	__ × 5 = 35	5 × __ = 5	__ × 5 = 25
__ × 12 = 60	2 × __ = 10	__ × 5 = 15	1 × __ = 5

Que dit un hérisson lorsqu'il voit un cactus?

___ ___ ___ ___ ___?

21 20 21 20 25

A $$\begin{array}{r} 5 \\ \times\ 4 \\ \hline \end{array}$$	E $$\begin{array}{r} 6 \\ \times\ 3 \\ \hline \end{array}$$	G $$\begin{array}{r} 2 \\ \times\ 4 \\ \hline \end{array}$$	H $$\begin{array}{r} 5 \\ \times\ 3 \\ \hline \end{array}$$	I $$\begin{array}{r} 6 \\ \times\ 5 \\ \hline \end{array}$$	J $$\begin{array}{r} 8 \\ \times\ 4 \\ \hline \end{array}$$
L $$\begin{array}{r} 3 \\ \times\ 4 \\ \hline \end{array}$$	M $$\begin{array}{r} 7 \\ \times\ 3 \\ \hline \end{array}$$	N $$\begin{array}{r} 5 \\ \times\ 5 \\ \hline \end{array}$$	R $$\begin{array}{r} 7 \\ \times\ 5 \\ \hline \end{array}$$	S $$\begin{array}{r} 12 \\ \times\ 5 \\ \hline \end{array}$$	T $$\begin{array}{r} 0 \\ \times\ 5 \\ \hline \end{array}$$
U $$\begin{array}{r} 11 \\ \times\ 4 \\ \hline \end{array}$$	V $$\begin{array}{r} 2 \\ \times\ 3 \\ \hline \end{array}$$	W $$\begin{array}{r} 4 \\ \times\ 4 \\ \hline \end{array}$$	X $$\begin{array}{r} 2 \\ \times\ 5 \\ \hline \end{array}$$	Y $$\begin{array}{r} 9 \\ \times\ 3 \\ \hline \end{array}$$	Z $$\begin{array}{r} 7 \\ \times\ 4 \\ \hline \end{array}$$

Attention! Certaines lettres ne sont pas utilisées dans la charade.

Associer la multiplication : la table de 6

Complète la multiplication de la table de 6. Utilise une table de multiplication pour t'aider. Ensuite, écris les sommes. Avec ton surligneur, colorie les additions et les produits qui sont équivalents. Utilise une couleur différente pour chaque paire.

$1 \times 6 =$ _____

$6 + 6 + 6 + 6 + 6 + 6 + 6 + 6 + 6 + 6 + 6 =$ _____

$2 \times 6 =$ _____

$6 + 6 + 6 + 6 + 6 + 6 =$ _____

$3 \times 6 =$ _____

$6 + 6 + 6 + 6 + 6 + 6 + 6 + 6 + 6 + 6 + 6 + 6 =$ _____

$4 \times 6 =$ _____

$6 + 6 + 6 + 6 + 6 + 6 + 6 =$ _____

$5 \times 6 =$ _____

$6 + 6 =$ _____

$6 \times 6 =$ _____

$6 + 6 + 6 + 6 + 6 + 6 + 6 + 6 + 6 =$ _____

$7 \times 6 =$ _____

$6 + 0 =$ _____

$8 \times 6 =$ _____

$6 + 6 + 6 + 6 =$ _____

$9 \times 6 =$ _____

$6 + 6 + 6 + 6 + 6 + 6 + 6 + 6 =$ _____

$10 \times 6 =$ _____

$6 + 6 + 6 + 6 + 6 =$ _____

$11 \times 6 =$ _____

$6 + 6 + 6 =$ _____

$12 \times 6 =$ _____

$6 + 6 + 6 + 6 + 6 + 6 + 6 + 6 + 6 + 6 =$ _____

La table de 6

Multiplie. Utilise la légende de couleurs pour colorier les produits.

Légende de couleurs

0 - rouge
6 - orange
12 - jaune
18 - vert pâle
24 - vert
30 - bleu pâle
36 - bleu foncé
42 - violet
48 - pink
54 - rose
60 - gris
66 - noir
72 - doré

$$8 \times 6$$

$$0 \times 6$$

$$3 \times 6$$

$$9 \times 6$$

$$1 \times 6$$

$$5 \times 6$$

$$2 \times 6$$

$$4 \times 6$$

$$7 \times 6$$

$$11 \times 6$$

$$12 \times 6$$

$$6 \times 8$$

$$6 \times 2$$

$$6 \times 7$$

$$6 \times 9$$

$$6 \times 4$$

$$6 \times 10$$

$$6 \times 6$$

$$6 \times 3$$

$$6 \times 5$$

$$6 \times 12$$

$$6 \times 1$$

$$6 \times 11$$

$$6 \times 0$$

$$10 \times 6$$

Un conseil pour la table de 6 :

Quand tu multiplies 6 par un nombre pair, la réponse termine toujours par le facteur par lequel tu as multiplié 6.
Par exemple : 6 x 2 = 12.
Dans la réponse, la colonne des dizaines est toujours la moitié de la colonne des unités.
Par exemple, 6 x 6 = 36.
Souviens-toi de t'exercer à compter par bonds de 6.

La table de 6 (suite)

Trouve le produit.

A	U	P	E	H
$2 \times 6 =$ ____	$7 \times 6 =$ ____	$8 \times 6 =$ ____	$9 \times 6 =$ ____	$10 \times 6 =$ ____

I	L	R	C	T
$3 \times 6 =$ ____	$1 \times 6 =$ ____	$6 \times 6 =$ ____	$5 \times 6 =$ ____	$4 \times 6 =$ ____

Charade mathématique : Quel est le sport le plus silencieux?

____ ____ / ____ ____ ____ ____ - ____ ____ ____ ____ ____ !
6   54   48   12   36   12   30   60   42   24   54

Attention!
Certaines lettres ne sont pas utilisées dans la charade!

Trouve le facteur manquant.

$1 \times$ ___ $= 6$	___ $\times 6 = 12$	$6 \times$ ___ $= 18$	___ $\times 6 = 48$
___ $\times 6 = 42$	$6 \times$ ___ $= 66$	___ $\times 6 = 72$	$6 \times$ ___ $= 36$
$10 \times$ ___ $= 60$	___ $\times 8 = 48$	$6 \times$ ___ $= 6$	___ $\times 6 = 24$
___ $\times 6 = 18$	$6 \times$ ___ $= 54$	___ $\times 6 = 30$	___ $\times 6 = 0$

Multiplier par 4, 5 et 6

Utilise un tableau pour t'aider à trouver le produit. Colorie les nombres impairs en rouge et les nombres pairs en bleu.

9 × 4	1 × 6	6 × 6	9 × 6	5 × 5
4 × 5	5 × 4	1 × 4	8 × 5	4 × 6
3 × 6	6 × 4	0 × 4	2 × 4	3 × 5
0 × 5	2 × 6	2 × 5	5 × 6	7 × 5

GYMNASTIQUE MENTALE

Marina a fabriqué un album de photos de famille. L'album contient 8 pages. Sur chaque page figurent 6 photos. Combien y a-t-il de photos au total dans l'album? Dessine une imagine pour montrer ton travail.

Comment appelle-t-on un pois qui est très maigre?

$$\underline{}\ \underline{}\ \Big|\ \underline{}\ \underline{}\ \underline{}\ \underline{}\ \Big|\ \underline{}\ \underline{}\ \underline{}\ \underline{}\ \underline{}\ .$$

44 30 | 6 36 25 10 | 6 35 44 15 28

A $\begin{array}{r}2\\ \times\,4\\\hline\end{array}$	B $\begin{array}{r}3\\ \times\,6\\\hline\end{array}$	C $\begin{array}{r}1\\ \times\,4\\\hline\end{array}$	D $\begin{array}{r}5\\ \times\,5\\\hline\end{array}$	E $\begin{array}{r}7\\ \times\,4\\\hline\end{array}$	F $\begin{array}{r}8\\ \times\,4\\\hline\end{array}$
G $\begin{array}{r}2\\ \times\,6\\\hline\end{array}$	H $\begin{array}{r}8\\ \times\,5\\\hline\end{array}$	I $\begin{array}{r}4\\ \times\,4\\\hline\end{array}$	J $\begin{array}{r}9\\ \times\,5\\\hline\end{array}$	K $\begin{array}{r}10\\ \times\,5\\\hline\end{array}$	L $\begin{array}{r}7\\ \times\,5\\\hline\end{array}$
M $\begin{array}{r}3\\ \times\,5\\\hline\end{array}$	N $\begin{array}{r}5\\ \times\,6\\\hline\end{array}$	O $\begin{array}{r}6\\ \times\,6\\\hline\end{array}$	P $\begin{array}{r}1\\ \times\,6\\\hline\end{array}$	Q $\begin{array}{r}1\\ \times\,5\\\hline\end{array}$	R $\begin{array}{r}5\\ \times\,4\\\hline\end{array}$
S $\begin{array}{r}2\\ \times\,5\\\hline\end{array}$	T $\begin{array}{r}6\\ \times\,4\\\hline\end{array}$	U $\begin{array}{r}11\\ \times\,4\\\hline\end{array}$	V $\begin{array}{r}10\\ \times\,6\\\hline\end{array}$	W $\begin{array}{r}8\\ \times\,6\\\hline\end{array}$	X $\begin{array}{r}7\\ \times\,6\\\hline\end{array}$

Attention! Certaines lettres ne sont pas utilisées dans la charade.

Associer la multiplication à l'addition : la table de 7

Complète la multiplication de la table de 7. Utilise une table de multiplication pour t'aider. Ensuite, écris les sommes. Avec ton surligneur, colorie les additions et les produits qui sont équivalents. Utilise une couleur différente pour chaque paire.

1 × 7 = _____ 	 7 + 7 + 7 + 7 + 7 + 7 = _____

2 × 7 = _____ 	 7 + 7 + 7 + 7 + 7 + 7 + 7 + 7 + 7 = _____

3 × 7 = _____ 	 7 + 7 + 7 + 7 + 7 = _____

4 × 7 = _____ 	 7 + 7 + 7 + 7 + 7 + 7 + 7 + 7 + 7 + 7 + 7 + 7 = _____

5 × 7 = _____ 	 7 + 0 = _____

6 × 7 = _____ 	 7 + 7 + 7 + 7 + 7 + 7 + 7 + 7 + 7 + 7 + 7 = _____

7 × 7 = _____ 	 7 + 7 + 7 + 7 = _____

8 × 7 = _____ 	 7 + 7 + 7 + 7 + 7 + 7 + 7 + 7 + 7 + 7 = _____

9 × 7 = _____ 	 7 + 7 + 7 = _____

10 × 7 = _____ 	 7 + 7 + 7 + 7 + 7 + 7 + 7 + 7 = _____

11 × 7 = _____ 	 7 + 7 = _____

12 × 7 = _____ 	 7 + 7 + 7 + 7 + 7 + 7 + 7 = _____

La table de 7

Multiplie. Utilise la légende de couleurs pour colorier les produits.

Légende de couleurs
0 - rouge
14 - jaune
21 - vert pâle
28 - vert
35 - bleu pâle
42 - bleu foncé
49 - violet
56 - rose
63 - brun
70 - gris
77 - noir
84 - doré

$$8 \times 7$$

$$0 \times 7$$

$$3 \times 7$$

$$9 \times 7$$

$$6 \times 7$$

$$5 \; 7$$

$$2 \times 7$$

$$4 \times 7$$

$$1 \times 7$$

$$11 \times 7$$

$$12 \times 7$$

$$7 \times 8$$

$$7 \times 2$$

$$7 \times 7$$

$$7 \times 9$$

$$7 \times 4$$

$$7 \times 10$$

$$7 \times 6$$

$$7 \times 3$$

$$7 \times 5$$

$$7 \times 12$$

$$7 \times 1$$

$$7 \times 11$$

$$7 \times 0$$

$$10 \times 7$$

Un conseil pour la table de 7 :

Multiplie 7 par un nombre proche de celui-ci. Pour 7 x 7= , tu sais que 7 x 5 = 35. Donc, 7 -5 = 2. Ajoute 2 autres 7. Multiplie les 7 restant et ajoute-les au produit. Pense : 5 x 7 = 35 et 2 x 7 = 14. 35 + 14 = 49. Donc, 7 x 7 = 49. Souviens-toi de t'exercer à compter par bonds de 7.

La table de 7 (suite)

Trouve le produit.

A	U	D	E	Y
6 × 7 = ____	7 × 7 = ____	3 × 7 = ____	9 × 7 = ____	10 × 7 = ____

B	O	N	J	T
12 × 7 = ____	2 × 7 = ____	5 × 7 = ____	8 × 7 = ____	11 × 7 = ____

Charade mathématique : Comment appelle-t-on 22 bébés qui jouent au soccer?

___ ___ / ___ ___ ___ ___ ___ ___ ___!

21 49 72 42 72 70 56 14 14 77

Attention!
Certaines lettres ne sont pas utilisées dans la charade!

Trouve le facteur manquant.

3 × __ = 21	__ × 7 = 7	2 × __ = 14	__ × 7 = 56
__ × 6 = 42	12 × __ = 84	__ × 7 = 63	7 × __ = 70
7 × __ = 14	__ × 7 = 35	7 × __ = 49	__ × 7 = 28
__ × 7 = 77	7 × __ = 56	__ × 7 = 70	__ × 7 = 0

Associer la multiplication à l'addition : la table de 8

Complète la multiplication de la table de 8. Utilise une table de multiplication pour t'aider. Ensuite, écris les sommes. Avec ton surligneur, colorie les additions et les produits qui sont équivalents. Utilise une couleur différente pour chaque paire.

1 × 8 = _____   8 + 8 + 8 + 8 + 8 + 8 + 8 + 8 + 8 + 8 + 8 + 8 = _____

2 × 8 = _____   8 + 8 + 8 + 8 + 8 + 8 = _____

3 × 8 = _____   8 + 8 + 8 + 8 + 8 + 8 + 8 + 8 + 8 + 8 + 8 = _____

4 × 8 = _____   8 + 0 = _____

5 × 8 = _____   8 + 8 + 8 + 8 + 8 + 8 + 8 + 8 + 8 + 8 = _____

6 × 8 = _____   8 + 8 + 8 = _____

7 × 8 = _____   8 + 8 + 8 + 8 + 8 + 8 + 8 + 8 = _____

8 × 8 = _____   8 + 8 + 8 + 8 + 8 = _____

9 × 8 = _____   8 + 8 = _____

10 × 8 = _____   8 + 8 + 8 + 8 = _____

11 × 8 = _____   8 + 8 + 8 + 8 + 8 + 8 + 8 + 8 + 8 = _____

12 × 8 = _____   8 + 8 + 8 + 8 + 8 + 8 + 8 = _____

La table de 8

Multiplie. Utilise la légende de couleurs pour colorier les produits.

Légende de couleurs

- 0 - rouge
- 8 - orange
- 16 - jaune
- 24 - vert pâle
- 32 - vert
- 40 - bleu pâle
- 48 - bleu foncé
- 56 - violet
- 64 - rose
- 72 - brun
- 80 - gris
- 88 - noir
- 96 - doré

$$8 \times 8$$

$$0 \times 8$$

$$3 \times 8$$

$$9 \times 8$$

$$6 \times 8$$

$$5 \times 8$$

$$2 \times 8$$

$$4 \times 8$$

$$7 \times 8$$

$$11 \times 8$$

$$12 \times 8$$

$$1 \times 8$$

$$8 \times 2$$

$$8 \times 7$$

$$8 \times 9$$

$$8 \times 4$$

$$8 \times 10$$

$$8 \times 6$$

$$8 \times 3$$

$$8 \times 5$$

$$8 \times 12$$

$$8 \times 1$$

$$8 \times 11$$

$$8 \times 0$$

$$10 \times 8$$

Un conseil pour la table de 8 :

Double 4 donne 8, donc double le nombre multiplié par 4 pour trouver le multiple de 8!
Pour 8 x 8 =, tu sais que 4 x 8 = 32.
Ensuite, double le produit. 32 x 2 = 64.
Donc, 8 x 8 = 64.
Souviens-toi de t'exercer à compter par bonds de 8.

La table de 8 (suite)

Trouve le produit.

A	**C**	**D**	**H**	**I**
6 × 8 = ____	2 × 8 = ____	4 × 8 = ____	9 × 8 = ____	10 × 8 = ____
P	**R**	**N**	**M**	**L**
12 × 8 = ____	0 × 8 = ____	5 × 8 = ____	8 × 8 = ____	7 × 8 = ____

Charade mathématique : Quel vêtement les vampires ne peuvent-ils pas porter?

___ ___ / ___ ___ ___ ___ ___ / ___ ' ___ ___ ___ !
56 64   16 72 48 64 96   32 48 80 56

Attention!
Certaines lettres ne sont pas utilisées dans la charade!

Trouve le facteur manquant.

3 × ___ = 24	___ × 8 = 8	2 × ___ = 16	___ × 8 = 48
___ × 8 = 40	8 × ___ = 72	___ × 8 = 56	12 × ___ = 96
10 × ___ = 80	___ × 8 = 24	8 × ___ = 32	___ × 8 = 88
___ × 8 = 96	4 × ___ = 32	___ × 8 = 64	___ × 8 = 0

Associer la multiplication à l'addition : la table de 9

Complète la multiplication de la table de 9. Utilise une table de multiplication pour t'aider. Ensuite, écris les sommes. Avec ton surligneur, colorie les additions et les produits qui sont équivalents. Utilise une couleur différente pour chaque paire.

$1 \times 9 =$ _____ $9 + 9 + 9 + 9 + 9 + 9 + 9 + 9 + 9 + 9 + 9 =$ _____

$2 \times 9 =$ _____ $9 + 9 + 9 + 9 + 9 + 9 =$ _____

$3 \times 9 =$ _____ $9 + 9 + 9 + 9 + 9 + 9 + 9 + 9 + 9 + 9 + 9 + 9 =$ _____

$4 \times 9 =$ _____ $9 + 9 + 9 + 9 + 9 + 9 + 9 =$ _____

$5 \times 9 =$ _____ $9 + 9 =$ _____

$6 \times 9 =$ _____ $9 + 9 + 9 + 9 + 9 + 9 + 9 + 9 + 9 + 9 =$ _____

$7 \times 9 =$ _____ $9 + 0 =$ _____

$8 \times 9 =$ _____ $9 + 9 + 9 + 9 =$ _____

$9 \times 9 =$ _____ $9 + 9 + 9 + 9 + 9 + 9 + 9 + 9 + 9 =$ _____

$10 \times 9 =$ _____ $9 + 9 + 9 + 9 + 9 =$ _____

$11 \times 9 =$ _____ $9 + 9 + 9 =$ _____

$12 \times 9 =$ _____ $9 + 9 + 9 + 9 + 9 + 9 + 9 + 9 =$ _____

La table de 9

Multiplie. Utilise la légende de couleurs pour colorier les produits.

Légende de couleurs

- 0 - rouge
- 9 - orange
- 18 - jaune
- 27 - vert pâle
- 36 - vert
- 45 - bleu pâle
- 54 - bleu foncé
- 63 - violet
- 72 - rose
- 81 - brun
- 90 - gris
- 99 - noir
- 108 - doré

$$8 \times 9$$

$$0 \times 9$$

$$3 \times 9$$

$$1 \times 9$$

$$6 \times 9$$

$$5 \times 9$$

$$2 \times 9$$

$$4 \times 9$$

$$7 \times 9$$

$$11 \times 9$$

$$12 \times 9$$

$$9 \times 8$$

$$9 \times 2$$

$$9 \times 7$$

$$9 \times 9$$

$$9 \times 4$$

$$9 \times 10$$

$$9 \times 6$$

$$9 \times 3$$

$$9 \times 5$$

$$9 \times 12$$

$$9 \times 1$$

$$9 \times 11$$

$$9 \times 0$$

$$10 \times 9$$

Un conseil pour la table de 9 :

Multiplie le nombre par 10, puis, soustrais 1.
Par exemple, 7 x 9 =
Pense : 7 x 10 = 70. 70 - 1 = 63.
Donc, 7 x 9 = 63.
Souviens-toi de t'exercer à compter par bonds de 9.

La table de 9 (suite)

Trouve le produit.

A	C	D	E	I
7 × 9 = ____	5 × 9 = ____	11 × 9 = ____	3 × 9 = ____	8 × 9 = ____

L	Q	U	R	T
2 × 9 = ____	1 × 9 = ____	6 × 9 = ____	12 × 9 = ____	4 × 9 = ____

Charade mathématique :
Quel est le sport préféré des insectes?

___ ___ / ___ ___ ___ ___ ___ ___ ___!
18 27   45 108 72   9   54   27   36

Attention!
Certaines lettres ne
sont pas utilisées
dans la charade!

Trouve le facteur manquant.

9 × ___ = 9	___ × 9 = 81	9 × ___ = 18	___ × 9 = 72
___ × 9 = 36	___ × 9 = 0	___ × 9 = 45	9 × ___ = 99
10 × ___ = 90	___ × 9 = 108	9 × ___ = 27	___ × 9 = 54
11 × ___ = 99	9 × ___ = 45	___ × 9 = 63	2 × ___ = 18

Utiliser les modèles pour multiplier par 9

Utilise la table de 10 pour t'aider à multiplier par 9.

$9 × 6 =$

Tu sais que 10 x 6 est 1 groupe de 6 de plus que 9 x 6.

10 x 6 = 60.

Maintenant, enlève un groupe de 6.

60 - 6 = 54.

Donc, 9 x 6 = 54.

Utilise la table de 10 pour t'aider à multiplier par 9. Laisse les traces de ta démarche.

a) $9 × 7 =$ $10 × 7 = 70$
$70 – 7 = 63$
Donc, $9 × 7 = 63$.

b) $9 × 3 =$ $10 × 3 = 30$
$30 – 3 = 27$
Donc, $9 × 3 = 27$.

Utilise des modèles de dizaines et d'unités pour t'aider à apprendre la table du 9.

$1 × 9 =$ _____ **9**

$2 × 9 =$ __**1**__ __**8**__

$3 × 9 =$ __**2**__ __**7**__

$4 × 9 =$ _____ _____

$5 × 9 =$ _____ _____

$6 × 9 =$ _____ _____

$7 × 9 =$ _____ _____

$8 × 9 =$ _____ _____

$9 × 9 =$ _____ _____

$10 × 9 =$ _____ _____

b) Quels modèles remarques-tu à propos de la table du 9?

_____

_____

_____

_____

_____

_____

Multiplier par 7, 8 et 9

Utilise un tableau pour t'aider à trouver le produit.

Colorie les produits impairs en rouge et les pairs en bleu.

9 × 9	1 × 7	4 × 7	2 × 8	4 × 8
5 × 8	5 × 9	1 × 9	3 × 8	6 × 9
8 × 8	9 × 7	0 × 9	2 × 9	3 × 7
0 × 8	7 × 7	2 × 7	5 × 7	6 × 7

GYMNASTIQUE MENTALE

Bill a 8 tablettes de livres. Sur chaque tablette, il y a 9 livres. Combien y a-t-il de livres sur les tablettes au total? Dessine ta démarche.

Charade mathématique : les tables de 6, 7 et 8

Je mesure 3 mètres, j'ai 4 bras, 18 yeux, 6 jambes et 3 nez. Qui suis - je?

$$\underline{}\ \underline{}\ \Big|\ \underline{}\ \underline{}\ \underline{}\ \underline{}\ \underline{}\ \underline{}\ \underline{}$$

81 45 | 49 36 45 72 36 81 7

A	B	D	E	F	G
3 × 8	1 × 8	2 × 8	4 × 9	4 × 7	2 × 7
H	**I**	**J**	**K**	**L**	**M**
1 × 9	6 × 8	5 × 8	3 × 7	10 × 8	7 × 7
N	**O**	**P**	**Q**	**R**	**S**
5 × 9	3 × 9	6 × 9	8 × 8	1 × 7	8 × 7
T	**U**	**V**	**W**	**Y**	**Z**
9 × 8	9 × 9	5 × 7	4 × 8	9 × 7	2 × 9

Attention! Certaines lettres ne sont pas utilisées dans la charade.

Associer la multiplication à l'addition : la table de 10

Complète la multiplication de la table de 10.Utilise une table de multiplication pour t'aider. Ensuite, écris les sommes. Avec ton surligneur, colorie les additions et les produits qui sont équivalents. Utilise une couleur différente pour chaque paire.

1 × 10 = _____   10 + 10 + 10 + 10 = _____

2 × 10 = _____   10 + 10 + 10 + 10 + 10 = _____

3 × 10 = _____   10 + 10 + 10 + 10 + 10 + 10 + 10 + 10 = _____

4 × 10 = _____   10 + 10 + 10 + 10 + 10 + 10 + 10 + 10 + 10 = _____

5 × 10 = _____   10 + 10 + 10 + 10 + 10 + 10 + 10 = _____

6 × 10 = _____   10 + 10 = _____

7 × 10 = _____   10 + 10 + 10 = _____

8 × 10 = _____   10 + 10 + 10 + 10 + 10 + 10 + 10 + 10 + 10 + 10 = _____

9 × 10 = _____   10 + 10 + 10 + 10 + 10 + 10 + 10 + 10 + 10 + 10 + 10 = _____

10 × 10 = _____   10 + 10 + 10 + 10 + 10 + 10 + 10 + 10 + 10 = _____

11 × 10 = _____   10 + 0 = _____

12 × 10 = _____   10 + 10 + 10 + 10 + 10 + 10 = _____

La table de 10

Multiplie. Utilise la légende de couleurs pour colorier les produits.

Légende de couleurs
0 - rouge
10 - orange
20 - jaune
30 - vert pâle
40 - vert
50 - bleu pâle
60 - bleu foncé
70 - violet
80 - rose
90 - brun
100 - gris
110 - noir
120 - doré

$$8 \times 10$$

$$0 \times 10$$

$$3 \times 10$$

$$9 \times 10$$

$$6 \times 10$$

$$5 \times 10$$

$$2 \times 10$$

$$4 \times 10$$

$$7 \times 10$$

$$11 \times 10$$

$$12 \times 10$$

$$10 \times 8$$

$$10 \times 2$$

$$10 \times 7$$

$$10 \times 9$$

$$10 \times 4$$

$$10 \times 10$$

$$10 \times 6$$

$$10 \times 3$$

$$10 \times 5$$

$$10 \times 12$$

$$10 \times 1$$

$$10 \times 11$$

$$10 \times 0$$

$$1 \times 10$$

Conseil pour multiplier par 10 :
Quand tu multiplies par 10, ne fais qu'ajouter un 0!
Par exemple, 6 x 10 = 60.
Souviens-toi de t'exercer à faire des bonds de 10.

La table de 10 (suite)

Trouve le produit.

A	N	U	E	L
12 × 10 = _____	4 × 10 = _____	5 × 10 = _____	8 × 10 = _____	7 × 10 = _____

M	O	R	S	T
10 × 3 = _____	1 × 10 = _____	6 × 10 = _____	9 × 10 = _____	0 × 10 = _____

Charade mathématique :
Qu'est-ce qui est jaune et qui tourne par terre?

Attention!
Certaines lettres ne sont pas utilisées dans la charade!

___ ___ / ___ ___ ___ ___ ___ ___ — ___ ___ ___ !
50 40   0   10 50 60 40 80   90 10 70

Trouve le facteur manquant.

3 × _____ = 30	_____ × 10 = 50	10 × _____ = 110	_____ × 10 = 60
_____ × 2 = 20	10 × _____ = 90	_____ × 10 = 0	10 × _____ = 10
10 × _____ = 70	_____ × 10 = 100	5 × _____ = 50	_____ × 10 = 80
_____ × 12 = 120	11 × _____ = 110	_____ × 10 = 40	2 × ___ = 20

Comment les joueurs de hockey mangent-ils leurs carottes?

$$\frac{}{27}\ \frac{}{12}\ \Big|\ \frac{}{8}\ \frac{}{100}\ \frac{}{12}\ \frac{}{45}\ \frac{}{27}\ \frac{}{4}\ \frac{}{4}\ \frac{}{27}\ \frac{}{64}$$

A	D	E	F	H	I
$\begin{array}{r}9\\ \times\ 4\\\hline\end{array}$	$\begin{array}{r}9\\ \times\ 5\\\hline\end{array}$	$\begin{array}{r}3\\ \times\ 9\\\hline\end{array}$	$\begin{array}{r}3\\ \times\ 3\\\hline\end{array}$	$\begin{array}{r}4\\ \times\ 4\\\hline\end{array}$	$\begin{array}{r}5\\ \times\ 5\\\hline\end{array}$

L	M	N	O	S	R
$\begin{array}{r}4\\ \times\ 1\\\hline\end{array}$	$\begin{array}{r}5\\ \times\ 6\\\hline\end{array}$	$\begin{array}{r}2\\ \times\ 6\\\hline\end{array}$	$\begin{array}{r}10\\ \times\ 10\\\hline\end{array}$	$\begin{array}{r}8\\ \times\ 8\\\hline\end{array}$	$\begin{array}{r}4\\ \times\ 2\\\hline\end{array}$

W	Y
$\begin{array}{r}7\\ \times\ 10\\\hline\end{array}$	$\begin{array}{r}5\\ \times\ 8\\\hline\end{array}$

Attention!
Certaines lettres ne sont pas utilisées dans la charade.

GYMNASTIQUE MENTALE

$$\begin{array}{r}8\\ \times\ \boxed{}\\\hline 56\end{array} \qquad \begin{array}{r}9\\ \times\ \boxed{}\\\hline 81\end{array} \qquad \begin{array}{r}7\\ \times\ \boxed{}\\\hline 42\end{array} \qquad \begin{array}{r}8\\ \times\ \boxed{}\\\hline 64\end{array}$$

Associer la multiplication à l'addition : la table de 11

Complète la multiplication de la table de 11. Utilise une table de multiplication pour t'aider. Ensuite, écris les sommes. Avec ton surligneur, colorie les additions et les produits qui sont équivalents. Utilise une couleur différente pour chaque paire.

1 × 11 = _____   11 + 11 + 11 + 11 + 11 + 11 + 11 + 11 + 11 + 11 + 11 + 11 = _____

2 × 11 = _____   11 + 11 + 11 + 11 + 11 + 11 + 11 = _____

3 × 11 = _____   11 + 11 + 11 + 11 + 11 + 11 + 11 + 11 + 11 = _____

4 × 11 = _____   11 + 11 + 11 + 11 + 11 + 11 + 11 + 11 = _____

5 × 11 = _____   11 + 11 + 11 = _____

6 × 11 = _____   11 + 11 + 11 + 11 + 11 + 11 + 11 + 11 + 11 + 11 + 11 = _____

7 × 11 = _____   11 + 11 + 11 + 11 + 11 + 11 + 11 + 11 + 11 + 11 = _____

8 × 11 = _____   11 + 11 + 11 + 11 + 11 = _____

9 × 11 = _____   11 + 11 = _____

10 × 11 = _____   11 + 11 + 11 + 11 = _____

11 × 11 = _____   11 + 11 + 11 + 11 + 11 + 11 = _____

12 × 11 = _____   11 + 0 = _____

La table de 11

Multiplie. Utilise la légende de couleurs pour colorier les produits.

Légende de couleurs

- 0 - rouge
- 11 - orange
- 22 - jaune
- 33 - vert pâle
- 44 - vert
- 55 - bleu pâle
- 66 - bleu foncé
- 77 - violet
- 88 - rose
- 99 - brun
- 110 - gris
- 121 - noir
- 132 - doré

$$8 \times 11$$

$$0 \times 11$$

$$3 \times 11$$

$$9 \times 11$$

$$6 \times 11$$

$$5 \times 11$$

$$2 \times 11$$

$$4 \times 11$$

$$7 \times 11$$

$$1 \times 11$$

$$12 \times 11$$

$$11 \times 8$$

$$11 \times 2$$

$$11 \times 7$$

$$11 \times 9$$

$$11 \times 4$$

$$11 \times 10$$

$$11 \times 6$$

$$11 \times 3$$

$$11 \times 5$$

$$11 \times 12$$

$$11 \times 1$$

$$11 \times 11$$

$$11 \times 0$$

$$10 \times 11$$

Conseil pour multiplier par 11 :

Quand tu multiplies 11 par un chiffre de 1 à 9, ne fais qu'écrire ce facteur 2 fois!

Par exemple, 5 x 11 = 55.

Souviens-toi de t'exercer à faire des bonds de 11.

La table de 11 (suite)

Trouve le produit.

A	E	Q	L	M
6 × 11 = ____	7 × 11 = ____	8 × 11 = ____	9 × 11 = ____	10 × 11 = ____

É	B	S	T	U
12 × 11 = ____	0 × 11 = ____	5 × 11 = ____	3 × 11 = ____	4 × 11 = ____

Charade mathématique :

Quelle est la soirée préférée des ratons laveurs?

____ ____ / ____ ____ ____ / ____ ____ ____ ____ ____ ____

99   77   0   66   99   110   66   55   88   44   132

Attention!
Certaines lettres ne sont pas utilisées dans la charade!

Trouve le facteur manquant.

11 × ____ = 121	____ × 11 = 44	5 × ____ = 55	____ × 11 = 66
____ × 11 = 132	11 × ____ = 33	____ × 1 = 11	11 × ____ = 77
10 × ____ = 110	____ × 2 = 22	11 × ____ = 99	____ × 11 = 88
____ × 6 = 66	11 × ____ = 11	____ × 11 = 55	__ × 11 = 0

Associer la multiplication à l'addition : la table de 12

Complète la multiplication de la table de 12. Utilise une table de multiplication pour t'aider. Ensuite, écris les sommes. Avec ton surligneur, colorie les additions et les produits qui sont équivalents. Utilise une couleur différente pour chaque paire.

1 × 12 = ____   12 + 12 + 12 + 12 + 12 + 12 + 12 + 12 + 12 + 12 + 12 + 12 = ____

2 × 12 = ____   12 + 12 + 12 + 12 + 12 = ____

3 × 12 = ____   12 + 12 + 12 + 12 + 12 + 12 + 12 = ____

4 × 12 = ____   12 + 12 + 12 + 12 + 12 + 12 + 12 + 12 + 12 + 12 = ____

5 × 12 = ____   12 + 12 + 12 + 12 + 12 + 12 + 12 + 12 = ____

6 × 12 = ____   12 + 12 = ____

7 × 12 = ____   12 + 12 + 12 = ____

8 × 12 = ____   12 + 12 + 12 + 12 + 12 + 12 + 12 + 12 + 12 + 12 + 12 = ____

9 × 12 = ____   12 + 12 + 12 + 12 = ____

10 × 12 = ____   12 + 0 = ____

11 × 12 = ____   12 + 12 + 12 + 12 + 12 + 12 = ____

12 × 12 = ____   12 + 12 + 12 + 12 + 12 + 12 + 12 + 12 + 12 = ____

La table de 12

Multiplie. Utilise la légende de couleurs pour colorier les produits.

Légende de couleurs

0 - rouge
12 - orange
24 - jaune
36 - vert pâle
48 - vert
60 - bleu pâle
72 - bleu foncé
84 - violet
96 - rose
108 - brun
120 - gris
132 - noir
144 - doré

8 × 12	0 × 12	3 × 12	9 × 12	6 × 12
5 × 12	2 × 12	4 × 12	7 × 12	11 × 12

1 × 12	12 × 8	12 × 2	12 × 7	12 × 9	12 × 4
12 × 10	12 × 6	12 × 3	12 × 12	12 × 5	12 × 1

12 × 11	12 × 0	10 × 12

Conseil pour multiplier par 12 :

Souviens-toi que chaque multiplication a une jumelle! Par exemple, 12 x 3 a une jumelle qui s'appelle 3 x 12! Si tu connais le produit de la table du 3, multiplier devient facile!
Souviens-toi de t'exercer à faire des bonds de 12.

La table de 12 (suite)

Trouve le produit.

A	**E**	**L**	**M**	**S**
2 × 12 = ____	12 × 12 = ____	5 × 12 = ____	3 × 12 = ____	1 × 12 = ____

D	**T**	**U**	**J**	**Z**
6 × 12 = ____	7 × 12 = ____	8 × 12 = ____	9 × 12 = ____	10 × 12 = ____

Charade mathématique : Quelle est la boisson préférée du maitre japonais?

____ ____ / ____ ____ ____ / ____ ' ____ ____ ____ !
60   144   108   96   12   72   144   24   96

Attention!
Certaines lettres ne sont pas utilisées dans la charade!

3. Trouve le facteur manquant.

3 × ____ = 36	____ × 12 = 72	7 × ____ = 84	____ × 12 = 24
____ × 4 = 48	9 × ____ = 108	__ × 12 = 60	12 × ____ = 132
10 × ____ = 120	____ × 12 = 12	2 × __ = 24	____ × 12 = 96
____ × 12 = 48	12 × ____ = 60	__ × 12 = 144	____ × 12 = 0

Multiplier par 10, 11 et 12

Utilise ta stratégie préférée pour trouver le produit.
Colorie les produits impairs en rouge et les pairs en bleu.

3 × 10	6 × 10	2 × 10	1 × 10	4 × 10
5 × 10	0 × 10	7 × 10	10 × 10	8 × 10
9 × 10	2 × 12	5 × 11	9 × 11	6 × 12
1 × 12	7 × 12	4 × 11	2 × 11	10 × 11
1 × 11	3 × 12	6 × 11	8 × 11	5 × 12

À quel endroit les chiens aboient-ils le plus?

___ ___ | ___ ___ ___ ___ ___
36 64   27 36 42 4   81

A	B	C	D	E	F
12 × 3	5 × 9	8 × 2	11 × 11	10 × 1	8 × 3

G	H	I	J	K	L
3 × 7	10 × 10	11 × 3	9 × 3	12 × 12	3 × 3

M	N	O	P	Q	R
3 × 2	9 × 9	2 × 2	7 × 6	10 × 2	3 × 5

S	T	U	V	
5 × 2	4 × 3	8 × 8	3 × 6	

Attention!
Certaines lettres ne sont pas utilisées dans la charade!

Multiplier par des dizaines

Tu peux utiliser des bâtonnets pour multiplier par 10.

$2 \times 30 =$

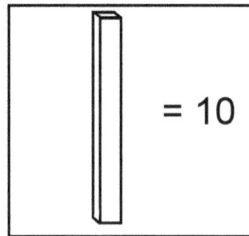

Dessine 2 groupes de 3 dizaines.

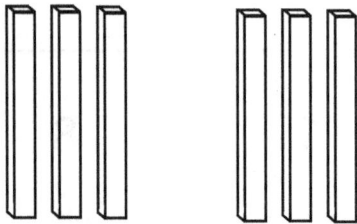

$= 10$

$2 \times 30 = 2 \times 3$ dizaines $= 6$ dizaines $= 60$

Quelle modèle remarques-tu?

Donc, $2 \times 30 = 60$.

$2 \times 3 = 6$

$2 \times 30 = 60$

Dessine un bâtonnet pour chaque dizaine. Puis, multiplie.

a) $2 \times 50 =$ _____

b) $3 \times 40 =$ _____

Utilise le modèle pour multiplier.

a) $6 \times 1 =$ _____

$6 \times 10 =$ _____

b) $7 \times 2 =$ _____

$7 \times 20 =$ _____

c) $8 \times 3 =$ _____

$8 \times 30 =$ _____

Multiplier par des centaines

Tu peux utiliser des carrés C pour multiplier par centaines.

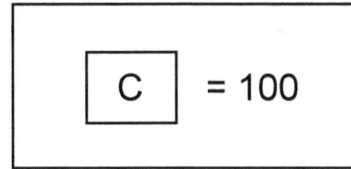

$\boxed{C}$ = 100

$3 \times 200 =$

Fais 3 groupes de 2 centaines.

$\boxed{C}$ $\boxed{C}$ $\boxed{C}$ $\boxed{C}$ $\boxed{C}$ $\boxed{C}$

$3 \times 200 = 3 \times 2$ centaines = 6 centaines = 600

Quel modèle remarques-tu?

Donc, $3 \times 200 = 600$.

$2 \times 3 = 6$
$2 \times 30 = 60$
$2 \times 300 = 600$

Dessine un carré pour chaque centaine. Puis, multiplie.

a) $2 \times 300 =$ _____

b) $6 \times 200 =$ _____

Utilise le modèle pour multiplier.

a) $3 \times 6 =$ _____

   $3 \times 60 =$ _____

   $3 \times 600 =$ _____

b) $7 \times 5 =$ _____

   $7 \times 50 =$ _____

   $7 \times 500 =$ _____

c) $8 \times 4 =$ _____

   $8 \times 40 =$ _____

   $8 \times 400 =$ _____

Multiplier par des milliers

Tu peux utiliser des carrés M pour multiplier par milliers.

4 × 2000 =
Dessine 4 groupes de 2 milliers.

$$\boxed{\text{M}} = 1000$$

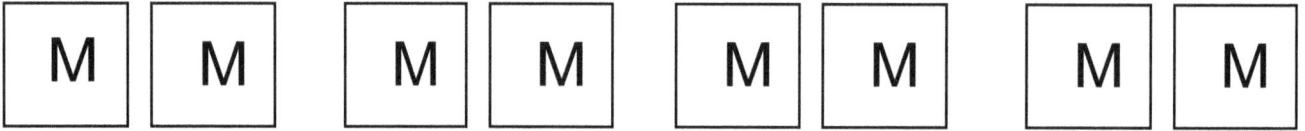

4 × 2000 = 4 × 2 milliers = 8 milliers = 8000   Donc, 4 × 2000 = 8000.

Quel modèle remarques-tu?   4 × 2 = 8

4 × 20 = 80

4 × 200 = 800

4 × 2000 = 8000

Dessine un carré M pour chaque millier. Puis, multiplie.

a) 5 × 2000 = _____

b) 4 × 3000 = _____

c) 7 × 1000 = _____

d) 7 × 4000 = _____

Multiplier par 10, 100 et 1000

Multiplie   7 × 5000 = _____

7 × 5 unités = 35 unités = **35**

7 × 5 dizaines = 35 dizaines = **350**

7 × 5 centaines = 35 centaines = **3500**

7 × 5 milliers = 35 milliers = **35 000**

Donc, 7 × 5000 = **35 000**.

Utilise les tables de multiplications et les modèles pour t'aider à multiplier.

a) 4 × 4 = _____

4 × 40 = _____

4 × 400 = _____

4 × 4000 = _____

b) 7 × 7 = _____

7 × 70 = _____

7 × 700 = _____

7 × 7000 = _____

c) 9 × 3 = _____

9 × 30 = _____

9 × 300 = _____

9 × 3000 = _____

d) 7 × 6 = _____

7 × 60 = _____

7 × 600 = _____

7 × 6000 = _____

e) 9 × 2 = _____

9 × 20 = _____

9 × 200 = _____

9 × 2000 = _____

f) 6 × 4 = _____

6 × 40 = _____

6 × 400 = _____

6 × 4000 = _____

g) 3 × 7 = _____

3 × 70 = _____

3 × 700 = _____

3 × 7000 = _____

h) 5 × 5 = _____

5 × 50 = _____

5 × 500 = _____

5 × 5000 = _____

l) 2 × 6 = _____

2 × 60 = _____

2 × 600 = _____

2 × 6000 = _____

Multiplier par 10, 100, et 1000 (suite)

Utilise le modèle pour t'aider à multiplier.

a) 2 × 3 = _____

    2 × 30 = _____

    2 × 300 = _____

    2 × 3000 = _____

b) 8 × 2 = _____

    8 × 20 = _____

    8 × 200 = _____

    8 × 2000 = _____

c) 9 × 4 = _____

    9 × 40 = _____

    9 × 400 = _____

    9 × 4000 = _____

d) 8 × 7 = _____

    8 × 70 = _____

    8 × 700 = _____

    8 × 7000 = _____

e) 5 × 7 = _____

    5 × 70 = _____

    5 × 700 = _____

    5 × 7000 = _____

f) 6 × 6 = _____

    6 × 60 = _____

    6 × 600 = _____

    6 × 6000 = _____

Multiplie.

a) 4 × 50 = _____

b) 3 × 700 = _____

c) 9 × 1000 = _____

d) 6 × 200 = _____

e) 8 × 40 = _____

f) 6 × 600 = _____

g) 5 × 500 = _____

h) 5 × 80 = _____

i) 8 × 500 = _____

j) 3 × 60 = _____

k) 7 × 1000 = _____

l) 9 × 500 = _____

m) 6 × 600 = _____

n) 9 × 30 = _____

o) 1 × 1000 = _____

p) 3 × 4000 = _____

q) 2 × 900 = _____

r) 3 × 50 = _____

Multiplier des nombres à 2 chiffres par des nombres à 1 chiffre

Étape 1 : multiplie les unités.

6 unités × 9 unités = 54 unités
Regroupe 54 en 5 dizaines et 4 unités.

```
  5
  1 6
×   9
    4
```

Étape 2 : multiplie les dizaines.

1 dizaine × 9 dizaines = 9 dizaines.
Puis, additionne les 5 dizaines regroupées.
9 dizaines + 5 dizaines = 14 dizaines.

```
  5
  1 6
×   9
1 4 4
```

1 centaine + 4 dizaines + 4 unités.

Multiplie. Regroupe quand c'est nécessaire. Assure-toi de bien aligner tes nombres!

```
   44            18            39            75
×   2         ×   4         ×   5         ×   2
_____        _____        _____        _____


_____        _____        _____        _____


   15            56            77            46
×   8         ×   3         ×   4         ×   9
_____        _____        _____        _____


_____        _____        _____        _____


   39            26            69            82
×   3         ×   6         ×   5         ×   7
_____        _____        _____        _____


_____        _____        _____        _____
```

Multiplie. Regroupe quand c'est nécessaire. Assure-toi de bien aligner tes nombres!

$$
\begin{array}{r} 75 \\ \times\ 2 \\ \hline \end{array}
\qquad
\begin{array}{r} 51 \\ \times\ 4 \\ \hline \end{array}
\qquad
\begin{array}{r} 37 \\ \times\ 5 \\ \hline \end{array}
\qquad
\begin{array}{r} 65 \\ \times\ 2 \\ \hline \end{array}
$$

$$
\begin{array}{r} 96 \\ \times\ 4 \\ \hline \end{array}
\qquad
\begin{array}{r} 44 \\ \times\ 5 \\ \hline \end{array}
\qquad
\begin{array}{r} 67 \\ \times\ 8 \\ \hline \end{array}
\qquad
\begin{array}{r} 84 \\ \times\ 3 \\ \hline \end{array}
$$

$$
\begin{array}{r} 98 \\ \times\ 2 \\ \hline \end{array}
\qquad
\begin{array}{r} 18 \\ \times\ 4 \\ \hline \end{array}
\qquad
\begin{array}{r} 47 \\ \times\ 9 \\ \hline \end{array}
\qquad
\begin{array}{r} 56 \\ \times\ 9 \\ \hline \end{array}
$$

$$
\begin{array}{r} 33 \\ \times\ 8 \\ \hline \end{array}
\qquad
\begin{array}{r} 92 \\ \times\ 7 \\ \hline \end{array}
\qquad
\begin{array}{r} 59 \\ \times\ 6 \\ \hline \end{array}
\qquad
\begin{array}{r} 76 \\ \times\ 3 \\ \hline \end{array}
$$

$$
\begin{array}{r} 85 \\ \times\ 9 \\ \hline \end{array}
\qquad
\begin{array}{r} 69 \\ \times\ 2 \\ \hline \end{array}
\qquad
\begin{array}{r} 36 \\ \times\ 6 \\ \hline \end{array}
\qquad
\begin{array}{r} 77 \\ \times\ 8 \\ \hline \end{array}
$$

Multiplie. Regroupe quand c'est nécessaire. Assure-toi de bien aligner tes nombres!

$$
\begin{array}{r} 38 \\ \times\ 2 \\ \hline \end{array}
\qquad
\begin{array}{r} 56 \\ \times\ 5 \\ \hline \end{array}
\qquad
\begin{array}{r} 78 \\ \times\ 7 \\ \hline \end{array}
\qquad
\begin{array}{r} 63 \\ \times\ 9 \\ \hline \end{array}
$$

$$
\begin{array}{r} 42 \\ \times\ 6 \\ \hline \end{array}
\qquad
\begin{array}{r} 80 \\ \times\ 4 \\ \hline \end{array}
\qquad
\begin{array}{r} 97 \\ \times\ 3 \\ \hline \end{array}
\qquad
\begin{array}{r} 26 \\ \times\ 5 \\ \hline \end{array}
$$

$$
\begin{array}{r} 74 \\ \times\ 8 \\ \hline \end{array}
\qquad
\begin{array}{r} 76 \\ \times\ 4 \\ \hline \end{array}
\qquad
\begin{array}{r} 55 \\ \times\ 7 \\ \hline \end{array}
\qquad
\begin{array}{r} 66 \\ \times\ 9 \\ \hline \end{array}
$$

GYMNASTIQUE MENTALE

Katie marche 6 km par jour pour aller à l'école. Elle va à l'école 189 jours par année. Quelle est la distance totale que Katie marche pendant l'année scolaire?

Charade mathématique

Comment range-t-on les pains dans une boulangerie?

$\dfrac{}{126}\ \dfrac{}{156}\ \Big|\ \dfrac{}{220}\ \dfrac{}{12}\ \dfrac{}{570}\ \dfrac{}{12}\ \dfrac{}{126}\ \Big|\ \dfrac{}{344}\ \dfrac{}{12}\ \dfrac{}{220}\ \dfrac{}{96}\ \dfrac{}{304}\ \dfrac{}{304}\ \dfrac{}{118}\ \dfrac{}{156}\ \dfrac{}{296}$

A	B	C	D	E	F
59 × 2	91 × 5	86 × 4	95 × 6	18 × 7	67 × 3
G	**H**	**I**	**J**	**K**	**L**
23 × 9	42 × 8	16 × 6	27 × 3	59 × 9	45 × 3
M	**N**	**O**	**P**	**Q**	**R**
34 × 2	78 × 2	44 × 5	35 × 4	61 × 6	12 × 1
S	**T**	**U**	**V**	**W**	**X**
76 × 4	37 × 8	54 × 7	43 × 5	29 × 6	88 × 1

Attention! Certaines lettres ne sont pas utilisées dans la charade.

Charade mathématique

Qu'est-ce qui a des dents, mais qui est incapable de manger?

$$\frac{\quad\quad}{54}\ \frac{\quad\quad}{259}\ \Big|\ \frac{\quad\quad}{304}\ \frac{\quad\quad}{73}\ \frac{\quad\quad}{145}\ \frac{\quad\quad}{252}\ \frac{\quad\quad}{259}\ \frac{\quad\quad}{73}\ !$$

A	B	C	D	E	F
72 × 3	55 × 9	46 × 8	65 × 9	73 × 1	99 × 4
G	**H**	**I**	**J**	**K**	**L**
36 × 7	19 × 4	29 × 5	17 × 6	91 × 5	37 × 8
M	**N**	**O**	**P**	**Q**	**R**
54 × 9	37 × 7	46 × 7	38 × 8	28 × 6	55 × 1
S	**T**	**U**	**V**	**W**	**Y**
18 × 5	82 × 2	54 × 1	63 × 2	64 × 3	84 × 6

Attention! Certaines lettres ne sont pas utilisées dans la charade.

Charade mathématique

Qu'est-ce qui est plus gros qu'un éléphant et qui pèse une plume?

$\overline{}\ \overline{}\ \overline{}$ | $\overline{}\ \overline{}\ \overline{}\ \overline{}\ \overline{}$

651 150 568 | 150 94 207 58 324

A $\begin{array}{r}71\\ \times\ 5\\ \hline\end{array}$	B $\begin{array}{r}69\\ \times\ 3\\ \hline\end{array}$	C $\begin{array}{r}14\\ \times\ 3\\ \hline\end{array}$	D $\begin{array}{r}37\\ \times\ 5\\ \hline\end{array}$	E $\begin{array}{r}81\\ \times\ 4\\ \hline\end{array}$	F $\begin{array}{r}82\\ \times\ 4\\ \hline\end{array}$
G $\begin{array}{r}25\\ \times\ 8\\ \hline\end{array}$	H $\begin{array}{r}58\\ \times\ 9\\ \hline\end{array}$	I $\begin{array}{r}93\\ \times\ 2\\ \hline\end{array}$	J $\begin{array}{r}14\\ \times\ 4\\ \hline\end{array}$	K $\begin{array}{r}69\\ \times\ 7\\ \hline\end{array}$	L $\begin{array}{r}37\\ \times\ 9\\ \hline\end{array}$
M $\begin{array}{r}47\\ \times\ 2\\ \hline\end{array}$	N $\begin{array}{r}71\\ \times\ 8\\ \hline\end{array}$	O $\begin{array}{r}25\\ \times\ 6\\ \hline\end{array}$	P $\begin{array}{r}36\\ \times\ 8\\ \hline\end{array}$	Q $\begin{array}{r}82\\ \times\ 1\\ \hline\end{array}$	R $\begin{array}{r}58\\ \times\ 1\\ \hline\end{array}$
S $\begin{array}{r}93\\ \times\ 7\\ \hline\end{array}$	T $\begin{array}{r}92\\ \times\ 5\\ \hline\end{array}$	U $\begin{array}{r}46\\ \times\ 9\\ \hline\end{array}$	V $\begin{array}{r}25\\ \times\ 7\\ \hline\end{array}$	W $\begin{array}{r}73\\ \times\ 6\\ \hline\end{array}$	X $\begin{array}{r}14\\ \times\ 6\\ \hline\end{array}$

Attention! Certaines lettres ne sont pas utilisées dans la charade.

Charade mathématique

Dans quoi se baignent les extraterrestres?

$\overline{}$ $\overline{}$ $\overline{}$ | $\overline{}$ $\overline{}$ $\overline{}$ $\overline{}$ $\overline{}$ $\overline{}$ $\overline{}$ |
658 532 31 | 176 85 96 130 85 532 31 |

$\overline{}$ $\overline{}$ $\overline{}$ $\overline{}$ — $\overline{}$ $\overline{}$ $\overline{}$ $\overline{}$ $\overline{}$
72 156 528 96   138 31 528 528 31

A	B	C	D	E	F
66 × 9	42 × 9	26 × 5	15 × 6	31 × 1	57 × 8
G	**H**	**I**	**J**	**K**	**L**
31 × 3	18 × 4	85 × 1	73 × 2	97 × 5	29 × 4
M	**N**	**O**	**P**	**Q**	**R**
98 × 5	76 × 7	52 × 3	44 × 4	69 × 6	88 × 6
S	**T**	**U**	**V**	**W**	**Y**
48 × 2	69 × 2	94 × 7	83 × 8	78 × 3	54 × 1

Attention! Certaines lettres ne sont pas utilisées dans la charade.

Charade mathématique

Qui est l'inventeur des mitaines?

$$\overline{171}\ \overline{364}\ \Big|\ \overline{364}\ \overline{171}\ \Big|\ \overline{261}\ \overline{184}\ \overline{258}\ \overline{364}$$

A	B	C	D	E	F
23 × 8	39 × 2	76 × 6	44 × 9	92 × 4	14 × 6
G	H	I	J	K	L
55 × 2	58 × 3	43 × 6	15 × 2	19 × 1	76 × 4
M	N	O	P	Q	R
87 × 3	91 × 4	26 × 9	34 × 8	82 × 5	68 × 1
S	T	U	V	W	Y
31 × 5	13 × 7	57 × 3	65 × 1	21 × 8	42 × 7

Attention! Certaines lettres ne sont pas utilisées dans la charade.

Charade mathématique

Avec quelle monnaie les marins paient-ils?

___ ___ ___ | ___ ___ ___ ___ | ___ ___ ___ ___ ___ ___
656 456 388 | 388 273 189 388 | 294 430 53 171 324 388

A	B	C	D	E	F
86 × 5	64 × 7	78 × 9	82 × 8	76 × 6	75 × 4
G	**H**	**I**	**J**	**K**	**L**
39 × 2	13 × 4	57 × 3	19 × 6	24 × 5	21 × 1
M	**N**	**O**	**P**	**Q**	**R**
42 × 7	36 × 9	91 × 3	68 × 2	45 × 8	53 × 1
S	**T**	**U**	**V**	**W**	**X**
97 × 4	87 × 7	21 × 9	39 × 6	95 × 8	18 × 5

Attention! Certaines lettres ne sont pas utilisées dans la charade.

Charade mathématique

Comment appelle-t-on un hibou qui fait un feu?

$\overline{}$ $\overline{}$ $\overline{}$ $\overline{}$ $\overline{}$ $\overline{}$ $\overline{}$ $\overline{}$ $\overline{}$
329 144 194 450   30   219 168 413 86

A	B	C	D	E	F
28 $\times$ 6	97 $\times$ 2	73 $\times$ 3	64 $\times$ 1	86 $\times$ 1	17 $\times$ 2
G 53 $\times$ 2	**H** 41 $\times$ 7	**I** 16 $\times$ 9	**J** 94 $\times$ 2	**K** 27 $\times$ 6	**L** 34 $\times$ 2
M 42 $\times$ 3	**N** 59 $\times$ 7	**O** 75 $\times$ 6	**P** 83 $\times$ 4	**Q** 68 $\times$ 5	**R** 31 $\times$ 8
S 56 $\times$ 4	**T** 88 $\times$ 8	**U** 15 $\times$ 2	**V** 22 $\times$ 5	**W** 99 $\times$ 9	**X** 75 $\times$ 3

Attention! Certaines lettres ne sont pas utilisées dans la charade.

Charade mathématique

Comment appelle-t-on un chevreuil avec des ailes?

$$\frac{}{48} \; \frac{}{84} \; \Big| \; \frac{}{230} \; \frac{}{747} \; \frac{}{152} \; \frac{}{460} \quad - \quad \frac{}{280} \; \frac{}{288} \; \frac{}{402} \; \frac{}{415} \; \frac{}{84} \; \frac{}{658}$$

A	B	C	D	E	F
83 $\times\ 5$	71 $\times\ 4$	46 $\times\ 5$	37 $\times\ 8$	83 $\times\ 9$	92 $\times\ 5$

G	H	I	J	K	L
76 $\times\ 1$	31 $\times\ 3$	14 $\times\ 5$	25 $\times\ 7$	69 $\times\ 2$	67 $\times\ 6$

M	N	O	P	Q	R
58 $\times\ 9$	42 $\times\ 2$	96 $\times\ 3$	87 $\times\ 4$	53 $\times\ 6$	19 $\times\ 8$

S	T	U	V	W	X
24 $\times\ 7$	94 $\times\ 7$	48 $\times\ 1$	35 $\times\ 8$	22 $\times\ 9$	15 $\times\ 6$

Attention! Certaines lettres ne sont pas utilisées dans la charade.

Multiplier des nombres à plusieurs chiffres

Étape 1 :

Multiplie les unités.

6 unités × 5 unités

= 30 unités.

Regroupe 30 en
3 dizaines et 0 unités.

$$
\begin{array}{r}
\boxed{3} \\
3\,1\,6 \\
\times \quad 5 \\
\hline
0
\end{array}
$$

Étape 2 :

Multiplie les dizaines.

1 dizaines × 5 unités

= 5 dizaines.

Puis, additionne les
3 dizaines regroupées.
5 dizaines + 3 dizaines
= 8 dizaines.

$$
\begin{array}{r}
\boxed{3} \\
3\,1\,6 \\
\times \quad 5 \\
\hline
8\,0
\end{array}
$$

Étape 3 :

Multiplie les centaines.

3 centaines × 5 unités

= 15 centaines.

Regroupe 1500 en
1 millier et
5 centaines.

$$
\begin{array}{r}
\boxed{3} \\
3\,1\,6 \\
\times \quad 5 \\
\hline
1\,5\,8\,0
\end{array}
$$

Puisqu'il n'y a pas
d'autre millier, écris le
1 dans la réponse.

Multiplie. Regroupe lorsque c'est nécessaire.

$$
\begin{array}{r}
2\,5\,6 \\
\times \quad 3 \\
\hline
\end{array}
\qquad
\begin{array}{r}
3\,6\,8 \\
\times \quad 2 \\
\hline
\end{array}
\qquad
\begin{array}{r}
1\,9\,5 \\
\times \quad 5 \\
\hline
\end{array}
\qquad
\begin{array}{r}
3\,7\,4 \\
\times \quad 4 \\
\hline
\end{array}
$$

$$
\begin{array}{r}
2\,1\,4 \\
\times \quad 7 \\
\hline
\end{array}
\qquad
\begin{array}{r}
1\,3\,3 \\
\times \quad 6 \\
\hline
\end{array}
\qquad
\begin{array}{r}
9\,0\,1 \\
\times \quad 8 \\
\hline
\end{array}
\qquad
\begin{array}{r}
6\,0\,0 \\
\times \quad 9 \\
\hline
\end{array}
$$

Multiplie. Regroupe lorsque c'est nécessaire.

$$
\begin{array}{r} 339 \\ \times\ \ 6 \\ \hline \end{array}
\qquad
\begin{array}{r} 506 \\ \times\ \ 3 \\ \hline \end{array}
\qquad
\begin{array}{r} 671 \\ \times\ \ 4 \\ \hline \end{array}
\qquad
\begin{array}{r} 890 \\ \times\ \ 5 \\ \hline \end{array}
$$

$$
\begin{array}{r} 165 \\ \times\ \ 2 \\ \hline \end{array}
\qquad
\begin{array}{r} 304 \\ \times\ \ 6 \\ \hline \end{array}
\qquad
\begin{array}{r} 453 \\ \times\ \ 8 \\ \hline \end{array}
\qquad
\begin{array}{r} 281 \\ \times\ \ 7 \\ \hline \end{array}
$$

$$
\begin{array}{r} 924 \\ \times\ \ 9 \\ \hline \end{array}
\qquad
\begin{array}{r} 875 \\ \times\ \ 5 \\ \hline \end{array}
\qquad
\begin{array}{r} 752 \\ \times\ \ 8 \\ \hline \end{array}
\qquad
\begin{array}{r} 604 \\ \times\ \ 6 \\ \hline \end{array}
$$

$$
\begin{array}{r} 8233 \\ \times\ \ 2 \\ \hline \end{array}
\qquad
\begin{array}{r} 1923 \\ \times\ \ 3 \\ \hline \end{array}
\qquad
\begin{array}{r} 4517 \\ \times\ \ 5 \\ \hline \end{array}
\qquad
\begin{array}{r} 6023 \\ \times\ \ 4 \\ \hline \end{array}
$$

$$
\begin{array}{r} 2790 \\ \times\ \ 8 \\ \hline \end{array}
\qquad
\begin{array}{r} 3451 \\ \times\ \ 7 \\ \hline \end{array}
\qquad
\begin{array}{r} 5061 \\ \times\ \ 6 \\ \hline \end{array}
\qquad
\begin{array}{r} 4819 \\ \times\ \ 9 \\ \hline \end{array}
$$

Multiplier des nombres à plusieurs chiffres (suite)

Multiplie. Regroupe lorsque c'est nécessaire.

453	256	690	449
× 6	× 3	× 4	× 5

398	560	981	544
× 2	× 6	× 8	× 7

775	913	822	676
× 9	× 5	× 8	× 6

9155	2451	3426	7902
× 2	× 3	× 5	× 4

3842	5628	9654	3752
× 8	× 7	× 6	× 9

Charade mathématique

Comment appelle-t-on un chou qui est tombé dans l'océan?

$\overline{\rule{2em}{0pt}}$ $\overline{\rule{2em}{0pt}}$ | $\overline{\rule{2em}{0pt}}$ $\overline{\rule{2em}{0pt}}$ $\overline{\rule{2em}{0pt}}$ $\overline{\rule{2em}{0pt}}$ |
1792 949 1008 2817 3492 1792

$\overline{\rule{2em}{0pt}}$ $\overline{\rule{2em}{0pt}}$ $\overline{\rule{2em}{0pt}}$ $\overline{\rule{2em}{0pt}}$ $\overline{\rule{2em}{0pt}}$
2792 2166 2286 4120 949

A	B	C	D	E	F
361 $\times\ 6$	673 $\times\ 8$	252 $\times\ 4$	585 $\times\ 9$	141 $\times\ 8$	492 $\times\ 9$
G	**H**	**I**	**J**	**K**	**L**
932 $\times\ 5$	313 $\times\ 9$	824 $\times\ 5$	225 $\times\ 1$	713 $\times\ 7$	132 $\times\ 2$
M	**N**	**O**	**P**	**Q**	**R**
698 $\times\ 4$	949 $\times\ 1$	582 $\times\ 6$	854 $\times\ 2$	473 $\times\ 6$	762 $\times\ 3$
S	**T**	**U**	**V**	**W**	**Y**
362 $\times\ 3$	771 $\times\ 2$	256 $\times\ 7$	885 $\times\ 3$	142 $\times\ 5$	993 $\times\ 4$

Attention! Certaines lettres ne sont pas utilisées dans la charade.

Estimer un produit en arrondissant un facteur

Pour estimer, arrondis au moins 1 facteur pour rendre la multiplication plus facile. Les facteurs sont les nombres que tu multiplies ensemble.

Arrondir 1 facteur :

Estime : 7 × 96   Arrondis 96 à 100.

Pense : pour 7 x 100, tu sais que 7 x 10 = 70. Ajoute un 0 pour multiplier par 100. Le produit estimé est 7 x 100 = 700.

Estime le produit en arrondissant un des facteur. Laisse les traces de ta démarche. Indice : arrondis-le à la dizaine ou la centaine la plus proche.

a) 3 × 57

b) 11 × 58

c) 6 × 216

d) 6 × 77

e) 8 × 65

f) 50 × 59

g) 9 × 34

h) 60 × 22

i) 40 × 89

Estimer un produit en arrondissant un facteur (suite)

Estime le produit en arrondissant un des facteurs. Laisse les traces de ta démarche. Indice : arrondis-le à la dizaine ou la centaine la plus proche.

a) 5 × 66

b) 8 × 72

c) 4 × 123

d) 5 × 88

e) 3 × 55

f) 2 × 98

g) 7 × 15

h) 3 × 24

i) 9 × 99

j) 9 × 44

k) 8 × 65

l) 3 × 59

Estimer un produit en arrondissant les 2 facteurs

Arrondir les 2 facteurs :

Estime : 32 × 67   Arrondis les 2 facteurs.

32 est proche de 30 et 67 est proche de 70.

Pense : pour 30 x 70, tu sais que 3 x 7 =21. Ajoute les zéros de 30 et de 70. Le produit estimé est donc : 30 x 70 = 2100.

Estime le produit en arrondissant les 2 facteurs. Laisse les traces de ta démarche.

a) 44 × 33

b) 25 × 79

c) 38 × 88

d) 63 × 52

e) 78 × 21

f) 37 × 48

g) 51 × 735

h) 29 × 339

i) 41 × 467

GYMNASTIQUE MENTALE

Un autobus pour une sortie scolaire peut transporter 48 élèves. Combien d'élèves peuvent être transportés par 8 autobus?

a) Estime.

b) Calcule.

Estimer un produit en arrondissant les 2 facteurs (suite)

Estime le produit en arrondissant les 2 facteurs. Laisse les traces de ta démarche.

a) 53 × 22

b) 16 × 81

c) 33 × 78

d) 45 × 33

e) 25 × 99

f) 61 × 52

g) 75 × 43

h) 89 × 26

i) 19 × 67

j) 31 × 54

k) 59 × 441

l) 51 × 558

Amusons-nous avec les multiplications!—Test 1

Multiplie.

1.   5 × 7 = _____

2.   3 × 6 = _____

3.   1 × 2 = _____

4.   2 × 8 = _____

5.   0 × 9 = _____

6.   8 × 6 = _____

7.   6 × 9 = _____

8.   7 × 6 = _____

9.   7 × 3 = _____

10. 9 × 2 = _____

11. 4 × 4 = _____

12. 5 × 1 = _____

13. 4 × 7 = _____

14. 9 × 3 = _____

15. 8 × 8 = _____

16. 0 × 3 = _____

17. 2 × 4 = _____

18. 6 × 8 = _____

19. 2 × 7 = _____

20. 12 × 12 = _____

21. 9 × 9 = _____

22. 5 × 6 = _____

23. 9 × 4 = _____

24. 3 × 3 = _____

25. 7 × 5 = _____

26. 0 × 6 = _____

27. 8 × 2 = _____

28. 4 × 1 = _____

29. 6 × 6 = _____

30. 2 × 5 = _____

31. 0 × 4 = _____

32. 1 × 9 = _____

33. 8 × 4 = _____

34. 1 × 5 = _____

35. 3 × 9 = _____

36. 9 × 5 = _____

37. 5 × 8 = _____

38. 8 × 3 = _____

39. 7 × 7 = _____

40. 10 × 10 = _____

Nombre
de bonnes
réponses

_____
40

Amusons-nous avec les multiplications!—Test 2

Multiplie.

1. $9 \times 3 =$ _____

2. $8 \times 2 =$ _____

3. $10 \times 5 =$ _____

4. $0 \times 1 =$ _____

5. $2 \times 6 =$ _____

6. $6 \times 7 =$ _____

7. $6 \times 4 =$ _____

8. $3 \times 7 =$ _____

9. $2 \times 3 =$ _____

10. $4 \times 9 =$ _____

11. $6 \times 11 =$ _____

12. $4 \times 5 =$ _____

13. $5 \times 5 =$ _____

14. $3 \times 5 =$ _____

15. $9 \times 8 =$ _____

16. $2 \times 7 =$ _____

17. $7 \times 4 =$ _____

18. $2 \times 2 =$ _____

19. $6 \times 3 =$ _____

20. $12 \times 10 =$ _____

21. $0 \times 7 =$ _____

22. $8 \times 7 =$ _____

23. $2 \times 1 =$ _____

24. $7 \times 2 =$ _____

25. $4 \times 6 =$ _____

26. $6 \times 2 =$ _____

27. $9 \times 7 =$ _____

28. $6 \times 5 =$ _____

29. $8 \times 5 =$ _____

30. $5 \times 3 =$ _____

31. $4 \times 3 =$ _____

32. $6 \times 9 =$ _____

33. $1 \times 6 =$ _____

34. $7 \times 9 =$ _____

35. $3 \times 8 =$ _____

36. $9 \times 1 =$ _____

37. $9 \times 6 =$ _____

38. $7 \times 8 =$ _____

39. $7 \times 1 =$ _____

40. $10 \times 9 =$ _____

Nombre
de bonnes
réponses

_____
40

Amusons-nous avec les multiplications!—Test 3

Multiplie.

1.	1 × 1 = _____	**21.**	5 × 12 = _____
2.	3 × 3 = _____	**22.**	7 × 10 = _____
3.	11 × 5 = _____	**23.**	9 × 8 = _____
4.	7 × 7 = _____	**24.**	6 × 6 = _____
5.	9 × 9 = _____	**25.**	4 × 11 = _____
6.	2 × 8 = _____	**26.**	1 × 2 = _____
7.	4 × 12 = _____	**27.**	2 × 11 = _____
8.	8 × 10 = _____	**28.**	8 × 1 = _____
9.	1 × 2 = _____	**29.**	0 × 10 = _____
10.	3 × 4 = _____	**30.**	12 × 3 = _____
11.	4 × 6 = _____	**31.**	5 × 6 = _____
12.	6 × 11 = _____	**32.**	7 × 5 = _____
13.	0 × 8 = _____	**33.**	9 × 12 = _____
14.	9 × 6 = _____	**34.**	3 × 1 = _____
15.	5 × 1 = _____	**35.**	4 × 4 = _____
16.	7 × 6 = _____	**36.**	8 × 6 = _____
17.	10 × 9 = _____	**37.**	10 × 3 = _____
18.	2 × 6 = _____	**38.**	3 × 11 = _____
19.	6 × 11 = _____	**39.**	9 × 7 = _____
20.	10 × 12 = _____	**40.**	4 × 9 = _____

Nombre
de bonnes
réponses

_____
40

Amusons-nous avec les multiplications!—Test 4

Multiplie.

1.	11 × 12 = _____		**21.**	5 × 12 = _____
2.	3 × 10 = _____		**22.**	7 × 10 = _____
3.	5 × 8 = _____		**23.**	9 × 8 = _____
4.	7 × 2 = _____		**24.**	8 × 8 = _____
5.	9 × 3 = _____		**25.**	4 × 12 = _____
6.	2 × 4 = _____		**26.**	1 × 7 = _____
7.	4 × 7 = _____		**27.**	2 × 10 = _____
8.	8 × 11 = _____		**28.**	8 × 12 = _____
9.	1 × 11 = _____		**29.**	10 × 10 = _____
10.	3 × 9 = _____		**30.**	0 × 2 = _____
11.	5 × 7 = _____		**31.**	5 × 1 = _____
12.	6 × 5 = _____		**32.**	7 × 3 = _____
13.	11 × 10 = _____		**33.**	11 × 11 = _____
14.	0 × 9 = _____		**34.**	3 × 8 = _____
15.	5 × 2 = _____		**35.**	4 × 6 = _____
16.	7 × 4 = _____		**36.**	8 × 7 = _____
17.	12 × 12 = _____		**37.**	2 × 2 = _____
18.	2 × 7 = _____		**38.**	3 × 6 = _____
19.	5 × 5 = _____		**39.**	9 × 5 = _____
20.	10 × 9 = _____		**40.**	4 × 9 = _____

Nombre
de bonnes
réponses

_____
40

Amusons-nous avec les multiplications!—Test 5

Multiplie.

1. $1 \times 20 =$ _____

2. $3 \times 300 =$ _____

3. $5 \times 4000 =$ _____

4. $7 \times 50 =$ _____

5. $9 \times 600 =$ _____

6. $2 \times 7000 =$ _____

7. $4 \times 80 =$ _____

8. $8 \times 100 =$ _____

9. $1 \times 2000 =$ _____

10. $3 \times 70 =$ _____

11. $4 \times 800 =$ _____

12. $6 \times 9000 =$ _____

13. $8 \times 40 =$ _____

14. $9 \times 500 =$ _____

15. $5 \times 6000 =$ _____

16. $7 \times 700 =$ _____

17. $10 \times 50 =$ _____

18. $2 \times 3000 =$ _____

19. $6 \times 20 =$ _____

20. $10 \times 800 =$ _____

21. $5 \times 5000 =$ _____

22. $7 \times 600 =$ _____

23. $9 \times 70 =$ _____

24. $5 \times 9000 =$ _____

25. $4 \times 400 =$ _____

26. $1 \times 30 =$ _____

27. $2 \times 2000 =$ _____

28. $8 \times 700 =$ _____

29. $10 \times 40 =$ _____

30. $2 \times 9000 =$ _____

31. $5 \times 100 =$ _____

32. $7 \times 90 =$ _____

33. $9 \times 300 =$ _____

34. $3 \times 7000 =$ _____

35. $4 \times 50 =$ _____

36. $8 \times 300 =$ _____

37. $10 \times 8000 =$ _____

38. $3 \times 600 =$ _____

39. $9 \times 40 =$ _____

40. $4 \times 200 =$ _____

Nombre
de bonnes
réponses

_____
40

Les tables de multiplication de 0 à 12

Les nombres dans les bordures noires sont les facteurs.
Les nombres dans le tableau sont les produits.
Essaie-le! Pour trouver le produit de 6 x 9, par exemple, trouve 6 dans la colonne de gauche et mets ton doigt dessus.
Puis, trouve 9 dans la rangée du haut et mets ton doigt dessus. Glisse ton doigt qui est sur le 6 tout le long de la rangée.
Glisse ton doigt qui est sur le 9 tout le long de la colonne. Continue de glisser jusqu'à ce que tes doigts se rencontrent. Le nombre qui est dans le carré où la rangée et la colonne se rencontrent montre le produit des deux nombres. Donc, 6 × 9 = 54.

×	0	1	2	3	4	5	6	7	8	9	10	11	12
0	0	0	0	0	0	0	0	0	0	0	0	0	0
1	0	1	2	3	4	5	6	7	8	9	10	11	12
2	0	2	4	6	8	10	12	14	16	18	20	22	24
3	0	3	6	9	12	15	18	21	24	27	30	33	36
4	0	4	8	12	16	20	24	28	32	36	40	44	48
5	0	5	10	15	20	25	30	35	40	45	50	55	60
6	0	6	12	18	24	30	36	42	48	54	60	66	72
7	0	7	14	21	28	35	42	49	56	63	70	77	84
8	0	8	16	24	32	40	48	56	64	72	80	88	96
9	0	9	18	27	36	45	54	63	72	81	90	99	108
10	0	10	20	30	40	50	60	70	80	90	100	110	120
11	0	11	22	33	44	55	66	77	88	99	110	121	132
12	0	12	24	36	48	60	72	84	96	108	120	132	144

Excellent travail!

_____

Prénom

Réponses

Page 2 — Les tableaux

Dans le tableau, il y a 2 rangées avec 4 blocs chacune.
Compte en faisant des bonds de 4 pour calculer le nombre de blocs.
La multiplication est donc 2 × 4 = 8.

Écris la multiplication représentée par chaque tableau.

__2__ rangées et __1__ blocs dans chaque rangée __2 × 3 = 6__

a) __3__ rangées et __6__ blocs dans chaque rangée __3×6=18__

b) __3__ rangées et __4__ blocs dans chaque rangée __3×4=12__

c) __4__ rangées et __5__ blocs dans chaque rangée __4×5=20__

Écris la multiplication représentée par chaque tableau.

a) __2 × 5 = 10__   b) __3 × 5 = 15__

c) __5 × 2 = 10__   d) __3 × 3 = 9__

Page 3 — Les tableaux (suite)

Dessine un tableau pour chaque multiplication.
Écris la multiplication représentée par chaque tableau.

a) 8 × 2 = __16__   b) 6 × 4 = __24__   c) 1 × 5 = __5__

d) 2 × 8 = __16__   e) 7 × 5 = __35__   f) 7 × 2 = __14__

g) 4 × 4 = __16__   h) 3 × 6 = __18__   i) 3 × 2 = __6__

j) 4 × 6 = __24__   k) 5 × 5 = __25__   l) 3 × 4 = __12__

Page 4 — Les tableaux (suite)

Dessine un tableau pour chaque multiplication.
Écris la multiplication représentée par chaque tableau.

a) 4 × 7 = __28__   b) 10 × 4 = __40__   c) 4 × 5 = __20__

d) 8 × 3 = __24__   e) 5 × 6 = __30__   f) 9 × 4 = __36__

g) 3 × 3 = __9__   h) 6 × 5 = __30__   i) 8 × 5 = __40__

j) 9 × 2 = __18__   k) 7 × 4 = __28__   l) 1 × 10 = __10__

Page 5 — Multiplier en comptant par bonds

Quand tu multiplies deux nombres, la réponse s'appelle le produit.
Compte en faisant des bonds sur la droite numérique. Multiplie et écris le produit.

3 × 4 =   4 + 4 + 4 = __12__

3 × 4 = __12__

4 × 2 =   2 + 2 + 2 + 2 = __8__

4 × 2 = __8__

5 × 3 =   3 + 3 + 3 + 3 + 3 = __15__

5 × 3 = __15__

2 × 8 =   8 + 8 = __16__

2 × 8 = __16__

Page 6 — Compter par bonds

Écris les nombres manquants.

Compte par bonds de 3.

Il y a __5__ groupe de 3 créatures.   Il y a __15__ créatures en tout.

Compte par bonds de 5.

Il y a __7__ groupe de 5 créatures.   Il y a __35__ créatures en tout.

Compte par bonds de 10.

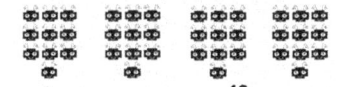

Il y a __4__ groupe de 10 créatures.   Il y a __40__ créatures en tout.

Page 7 — Amusons-nous avec les multiplications

Trouve le produit.

6 rangées de 6   6 × 6 = __36__
5 rangées de 4   5 × 4 = __20__
2 rangées de 5   2 × 5 = __10__

4 rangées de 3   4 × 3 = __12__
6 rangées de 2   6 × 2 = __12__
4 rangées de 2   4 × 2 = __8__

3 rangées de 5   3 × 5 = __15__
3 rangées de 3   3 × 3 = __9__
4 rangées de 6   4 × 6 = __24__

Page 8 — Additions et mutliplications

Écris les phrases mathématiques des additions et des multiplications.

Observe les groupes de 3.

Phrase mathématique:
Il y a 3 groupes égaux.
3 + 3 + 3 = __9__
facteurs   somme

Phrase mathématique:
Il y a 3 groupes égaux.
3 × 3 = __9__
facteurs   produit

8 + 8 = __16__   2 × 8 = __16__

10 + 10 = __20__   2 × 10 = __20__

3 + 3 + 3 + 3 = __12__   4 × 3 = __12__

2 + 2 + 2 = __6__   3 × 2 = __6__

7 + 7 = __14__   2 × 7 = __14__

6 + 6 = __12__   2 × 6 = __12__

Page 9 — Additions et mutliplications (suite)

Écris les phrases mathématiques des additions et des multiplications.

2 + 2 + 2 + 2 + 2 = __10__   5 × 2 = __10__

8 + 8 = __16__   2 × 8 = __16__

4 + 4 + 4 = __16__   4 × 4 = __16__

3 + 3 + 3 = __15__   5 × 3 = __15__

9 + 9 = __18__   2 × 9 = __18__

7 + 7 = __14__   2 × 7 = __14__

5 + 5 + 5 + 5 = __20__   4 × 5 = __20__

10 + 10 = __20__   2 × 10 = __20__

5 + 5 + 5 = __15__   3 × 5 = __15__

Page 10 — Amuse-toi à associer les sommes et les produits

Écris chaque somme et produit. Avec ton surligneur, associe chaque produit et somme équivalentes. Utilise une couleur différente pour chaque paire.

$8 + 8 = $ **16**	$3 \times 6 = $ **18**
$6 + 6 + 6 = $ **18**	$2 \times 4 = $ **8**
$2 + 2 + 2 + 2 + 2 + 2 + 2 + 2 + 2 + 2 = $ **20**	$5 \times 9 = $ **45**
$9 + 9 + 9 + 9 + 9 = $ **45**	$9 \times 9 = $ **81**
$7 + 7 = $ **14**	$7 \times 10 = $ **70**
$9 + 9 = $ **18**	$2 \times 8 = $ **16**
$3 + 3 + 3 + 3 = $ **12**	$10 \times 2 = $ **20**
$10 + 10 + 10 + 10 + 10 + 10 + 10 = $ **70**	$2 \times 1 = $ **2**
$3 + 3 + 3 + 3 + 3 + 3 = $ **18**	$2 \times 3 = $ **6**
$4 + 4 = $ **8**	$6 \times 5 = $ **30**
$9 + 9 + 9 + 9 + 9 + 9 + 9 + 9 + 9 = $ **81**	$4 \times 2 = $ **8**
$3 + 3 = $ **6**	$6 \times 3 = $ **18**
$2 + 2 + 2 + 2 = $ **8**	$2 \times 7 = $ **14**
$1 + 1 = $ **2**	$4 \times 3 = $ **12**
$5 + 5 + 5 + 5 + 5 + 5 = $ **30**	$2 \times 9 = $ **18**

Indice : La réponse d'une addition s'appelle une **somme**.
La réponse d'un multiplication s'appelle un **produit**.

10

Page 11 — Multiplier par 0 et 1

Lorsqu'un nombre est multiplié par 1, le produit est toujours le même que le plus grand facteur.

Par exemple, $10 \times 1 = 10$.

Lorsqu'un nombre est multiplié par 0, le produit est toujours 0, peu importe le facteur.

Par exemple, $0 \times 4 = 0$.

Multiplie.

$0 \times 5 = $ **0**	$2 \times 1 = $ **2**	$8 \times 1 = $ **8**	$0 \times 3 = $ **0**
$4 \times 1 = $ **4**	$0 \times 6 = $ **0**	$3 \times 1 = $ **3**	$7 \times 1 = $ **7**
$0 \times 1 = $ **0**	$11 \times 1 = $ **11**	$0 \times 8 = $ **0**	$6 \times 1 = $ **6**
$5 \times 1 = $ **5**	$0 \times 7 = $ **0**	$9 \times 1 = $ **9**	$0 \times 12 = $ **0**
$12 \times 1 = $ **12**	$0 \times 10 = $ **0**	$10 \times 1 = $ **10**	$0 \times 4 = $ **0**

11

Page 12 — Utilise les doubles pour multiplier

Quel est le double de 13?

$13 = 10 + 3$
Le double de 10 est 20.
Le double de 3 est 6.
$20 + 6 = 26$
Le double de 13 est donc 26.

Dessine un modèle. Ensuite, double le nombre.

Quel est le double de 16?

$16 = 10 + $ **6**
Le double de 10 est **20**
Le double de **6** est **12**
20 - 12 - 32
Le double de 16 est **32**

Quel est le double de 18?

$18 = 10 + $ **8**
Le double de 10 est **20**
Le double de **8** est **16**
20 - 16 - 36
Le double de 18 est **36**

Quel est le double de 12?

$12 = 10 + $ **2**
Le double de 10 est **20**
Le double de **2** est **4**
20 - 4 - 24
Le double de 12 est **24**

Quel est le double de 22?

$22 = 20 + $ **2**
Le double de 20 est **40**
Le double de **2** est **4**
40 - 4 - 44
Le double de 22 est **44**

12

Page 13 — Utilise les doubles pour multiplier (suite)

Si tu connais le double d'un nombre, tu peux le doubler pour trouver le quadruple du nombre.

$2 \times 6 = 12$

Pour 4×6, tu sais que :
$2 \times 6 = 12$

$4 \times 8 = 24$

Double le 2 pour obtenir 4. Double le produit pour obtenir 24.
Donc, $4 \times 6 = 24$.

Utilise les doubles pour multiplier. Dessine un tableau pour t'aider à multiplier.

a) $2 \times 6 = $ **12**
   Donc, $4 \times 6 = $ **24**

b) $2 \times 8 = $ **16**
   Donc, $4 \times 8 = $ **32**

c) $2 \times 9 = $ **18**
   Donc, $4 \times 9 = $ **36**

d) $2 \times 5 = $ **10**
   Donc, $4 \times 5 = $ **20**

e) $3 \times 7 = $ **21**
   Donc, $6 \times 7 = $ **42**

f) $3 \times 5 = $ **15**
   Donc, $6 \times 5 = $ **30**

13

Page 14 — Associe la multiplication à l'addition

Complète la multiplication de la table du 2. Utilise une table de multiplication pour t'aider. Ensuite, écris les sommes. Avec ton surligneur, colorie les additions et les produits qui sont équivalents. Utilise une couleur différente pour chaque paire.

$1 \times 2 = $ **2**	$2 + 2 + 2 + 2 + 2 + 2 + 2 + 2 + 2 + 2 + 2 = $ **24**
$2 \times 2 = $ **4**	$2 + 2 + 2 + 2 + 2 = $ **10**
$3 \times 2 = $ **6**	$2 + 2 + 2 + 2 + 2 + 2 + 2 + 2 = $ **16**
$4 \times 2 = $ **8**	$2 + 2 + 2 + 2 + 2 + 2 + 2 + 2 + 2 + 2 = $ **20**
$5 \times 2 = $ **10**	$2 + 2 + 2 + 2 + 2 + 2 + 2 = $ **14**
$6 \times 2 = $ **12**	$2 + 0 = $ **2**
$7 \times 2 = $ **14**	$2 + 2 + 2 = $ **6**
$8 \times 2 = $ **16**	$2 + 2 + 2 + 2 + 2 + 2 + 2 + 2 + 2 + 2 + 2 = $ **22**
$9 \times 2 = $ **18**	$2 + 2 + 2 + 2 = $ **8**
$10 \times 2 = $ **20**	$2 + 2 + 2 + 2 + 2 + 2 + 2 + 2 + 2 = $ **18**
$11 \times 2 = $ **22**	$2 + 2 = $ **4**
$12 \times 2 = $ **24**	$2 + 2 + 2 + 2 + 2 + 2 = $ **12**

14

Page 15 — La table du 2

Multiplie. Utilise la légende de couleur pour colorier les produits.

Légende de couleurs
0 - rouge
2 - orange
6 - jaune
8 - vert pâle
10 - bleu pâle
12 - bleu foncé
14 - violet
16 - rose
18 - brun
20 - gris
22 - noir
24 - doré

$8 \times 2 = $ **16**	$0 \times 2 = $ **0**	$3 \times 2 = $ **6**	$7 \times 2 = $ **14**	$6 \times 2 = $ **12**
$5 \times 2 = $ **10**	$1 \times 2 = $ **2**	$4 \times 2 = $ **8**	$9 \times 2 = $ **18**	$11 \times 2 = $ **22**
$12 \times 2 = $ **24**	$2 \times 11 = $ **22**	$2 \times 2 = $ **4**	$2 \times 7 = $ **14**	$2 \times 9 = $ **18** $2 \times 4 = $ **8**
$2 \times 10 = $ **20**	$2 \times 6 = $ **12**	$2 \times 3 = $ **6**	$2 \times 5 = $ **10**	$2 \times 8 = $ **16** $2 \times 1 = $ **2**
$2 \times 12 = $ **24**	$2 \times 0 = $ **0**	$10 \times 2 = $ **20**		

Un conseil pour la table du 2 :
Double le nombre!
Par exemple : 4×2
Pense : $4 = 4$. So, $4 \times 2 = 8$.

Souviens-toi de l'exercer à compter par bonds de 2.

15

Page 16 — La table du 2 (suite)

Trouve le produit.

L	E	G	T	A
$0 \times 2 = $ **0**	$3 \times 2 = $ **6**	$11 \times 2 = $ **22**	$9 \times 2 = $ **18**	$12 \times 2 = $ **24**

Q	R	S	I	U
$1 \times 2 = $ **2**	$4 \times 2 = $ **8**	$7 \times 2 = $ **14**	$10 \times 2 = $ **20**	$2 \times 2 = $ **4**

Charade mathématique : Quelle est la ville la plus chaude du Québec?

L A   T U Q U E
0 24 18 4 2 4

Attention!
Certaines lettres ne sont pas utilisées dans la charade!

Trouve le facteur manquant.

$2 \times$ **3** $= 6$	**1** $\times 2 = 2$	$2 \times$ **6** $= 12$	**9** $\times 2 = 18$
5 $\times 2 = 10$	$2 \times$ **11** $= 22$	**8** $\times 2 = 16$	$2 \times$ **7** $= 14$
$10 \times$ **2** $= 20$	**4** $\times 2 = 8$	$2 \times$ **2** $= 4$	**12** $\times 2 = 24$
$2 \times$ **9** $= 18$	$2 \times$ **5** $= 10$	**7** $\times 2 = 14$	$0 \times 2 = 0$

16

Page 17 — Associe la multiplication à l'addition

Complète la multiplication de la table du 2. Utilise une table de multiplication pour t'aider. Ensuite, écris les sommes. Avec ton surligneur, colorie les additions et les produits qui sont équivalents. Utilise une couleur différente pour chaque paire.

$1 \times 3 = $ **3**	$3 + 3 + 3 + 3 + 3 + 3 + 3 + 3 + 3 + 3 + 3 + 3 = $ **36**
$2 \times 3 = $ **6**	$3 + 3 + 3 + 3 + 3 + 3 + 3 + 3 + 3 = $ **27**
$3 \times 3 = $ **9**	$3 + 3 = $ **6**
$4 \times 3 = $ **12**	$3 + 3 + 3 + 3 + 3 = $ **15**
$5 \times 3 = $ **15**	$3 + 3 + 3 + 3 + 3 + 3 + 3 + 3 + 3 + 3 + 3 = $ **33**
$6 \times 3 = $ **18**	$3 + 3 + 3 + 3 + 3 + 3 + 3 + 3 = $ **24**
$7 \times 3 = $ **21**	$3 + 3 + 3 + 3 + 3 + 3 + 3 + 3 + 3 + 3 = $ **30**
$8 \times 3 = $ **24**	$3 + 3 + 3 = $ **9**
$9 \times 3 = $ **27**	$3 + 3 + 3 + 3 + 3 + 3 + 3 = $ **21**
$10 \times 3 = $ **30**	$3 + 3 + 3 + 3 = $ **12**
$11 \times 3 = $ **33**	$3 + 0 = $ **3**
$12 \times 3 = $ **36**	$3 + 3 + 3 + 3 + 3 + 3 = $ **18**

17

Page 18 — La table du 3

Multiplie. Utilise la légende de couleur pour colorier les produits.

Légende de couleurs
0 - rouge
3 - orange
6 - jaune
9 - vert pâle
12 - vert
15 - bleu pâle
18 - bleu foncé
21 - violet
24 - rose
27 - brun
30 - gris
33 - noir
36 - doré

$8 \times 3 = $ **24**	$0 \times 3 = $ **0**	$3 \times 3 = $ **9**	$9 \times 3 = $ **27**	$6 \times 3 = $ **18**
$5 \times 3 = $ **15**	$2 \times 3 = $ **6**	$4 \times 3 = $ **12**	$7 \times 3 = $ **21**	$11 \times 3 = $ **33**
$12 \times 3 = $ **36**	$3 \times 0 = $ **0**	$3 \times 2 = $ **6**	$3 \times 7 = $ **21**	$3 \times 9 = $ **27** $3 \times 4 = $ **12**
$3 \times 10 = $ **30**	$3 \times 6 = $ **18**	$3 \times 1 = $ **3**	$3 \times 5 = $ **15**	$3 \times 8 = $ **24** $3 \times 1 = $ **3**
$3 \times 11 = $ **33**	$3 \times 12 = $ **36**	$10 \times 3 = $ **30**		

Un conseil pour la table du 3 :
Double le nombre, puis ajoute 1 unité.
Par exemple : 3×5.
Pense : $2 \times 5 = 10$.
Puis, ajoute un autre 5 : $10 + 5 = 15$.
Donc, $3 \times 5 = 15$.
Souviens-toi de l'exercer à compter par bonds de 3.

18

Page 19

La table du 3 (suite)

Trouve le produit.

A	D	E	H	L
$3 \times 3 = $ **9**	$5 \times 3 = $ **15**	$4 \times 3 = $ **12**	$11 \times 3 = $ **33**	$2 \times 3 = $ **6**

M	N	R	S	T
$6 \times 3 = $ **18**	$7 \times 3 = $ **21**	$12 \times 3 = $ **36**	$9 \times 3 = $ **27**	$10 \times 3 = $ **30**

Charade mathématique: Comment s'appelle la femelle du hamster?

LA HAMSTERDAME
6   9   33   9   18   27   30   12   36   15   9   18   12

Attention! Certaines lettres ne sont pas utilisées dans la charade!

Trouve le facteur manquant.

$3 \times $**2**$ = 6$	**1**$ \times 3 = 3$	$3 \times $**4**$ = 12$	**6**$ \times 3 = 18$
7$ \times 3 = 21$	$3 \times $**3**$ = 9$	**8**$ \times 3 = 24$	$3 \times $**5**$ = 15$
$10 \times $**3**$ = 30$	**11**$ \times 3 = 33$	$3 \times $**9**$ = 27$	$3 \times $**8**$ = 24$
3$ \times 6 = 18$	$3 \times $**12**$ = 36$	**5**$ \times 3 = 15$	**0**$ \times 3 = 0$

Page 20

Double, puis ajoute 1 autre groupe

$3 \times 4 = $
$2 \times 4 = 8$
$3 \times 4 = $ **12**

Le double de 4 est 8
Un groupe est composé de 4 unités.
$8 + 4 = 12$.
Donc, $3 \times 4 = 12$.

Trouve le double. Puis, ajoute un groupe.

$3 \times 7 = $
$2 \times 7 = $ **14** $3 \times 7 = $ **21**

Le double de 7 est **14**
Un groupe est composé de **7** unités.
14 $\cdot$ **7** $=$ **21**
Donc, $3 \times 7 = $ **21**

$3 \times 5 = $
$2 \times 5 = $ **10** $3 \times 5 = $ **15**

Le double de 5 est **10**
Un groupe est composé de **5** unités.
10 $\cdot$ **5** $=$ **15**
Donc, $3 \times 5 = $ **15**

$3 \times 6 = $
$2 \times 6 = $ **12** $3 \times 6 = $ **18**

Le double de 6 est **12**
Un groupe est composé de **6** unités.
12 $\cdot$ **6** $=$ **18**
Donc, $3 \times 6 = $ **18**

Page 21

Double, puis ajoute 1 autre groupe (suite)

Trouve le double. Puis, ajoute un groupe.

$3 \times 8 = $
$2 \times 8 = $ **16** $3 \times 8 = $ **24**

Le double de 8 est **16**
Un groupe est composé de **8** unités.
16 $\cdot$ **8** $=$ **24**
Donc, $3 \times 8 = $ **24**

$3 \times 9 = $
$2 \times 9 = $ **27** $3 \times 9 = $ **27**
18

Le double de 9 est **18**
Un groupe est composé de **9** unités.
18 $\cdot$ **9** $=$ **27**
Donc, $3 \times 9 = $ **27**

$3 \times 3 = $
$2 \times 3 = $ **6** $3 \times 3 = $ **9**

Le double de 3 est **6**
Un groupe est composé de **3** unités.
6 $\cdot$ **3** $=$ **9**
Donc, $3 \times 3 = $ **9**

$3 \times 11 = $
$2 \times 11 = $ **22** $3 \times 11 = $ **33**

Le double de 11 est **22**
Un groupe est composé de **11** unités.
22 $\cdot$ **11** $=$ **33**
Donc, $3 \times 11 = $ **33**

Page 22

Multiplier par 1, 2 et 3

Trouve le produit. Colorie les produits impairs en rouge et les pairs en bleu.

$9 \times 3 = $ **27**	$1 \times 2 = $ **2**	$9 \times 1 = $ **9**	$4 \times 1 = $ **4**	$4 \times 2 = $ **8**
$7 \times 2 = $ **14**	$5 \times 3 = $ **15**	$1 \times 1 = $ **1**	$8 \times 2 = $ **16**	$6 \times 3 = $ **18**
$3 \times 2 = $ **6**	$2 \times 1 = $ **2**	$0 \times 3 = $ **0**	$2 \times 3 = $ **6**	$3 \times 1 = $ **3**
$0 \times 2 = $ **0**	$6 \times 1 = $ **6**	$2 \times 2 = $ **4**	$5 \times 1 = $ **5**	$5 \times 2 = $ **10**
$3 \times 3 = $ **9**	$6 \times 2 = $ **12**	$8 \times 3 = $ **24**	$9 \times 2 = $ **18**	$7 \times 3 = $ **21**
$8 \times 1 = $ **8**	$1 \times 3 = $ **3**	$7 \times 1 = $ **7**	$4 \times 3 = $ **12**	$0 \times 1 = $ **0**

Page 23

Charade mathématique

Qu'est-ce qu'un monstre mange après s'être fait arracher une dent?

LE DENTISTE
9   10   14   10   1   12   3   16   12   10

A 3×0 **0**	B 1×5 **5**	C 2×8 **16**	D 2×7 **14**	E 1×10 **10**	F 3×8 **24**
G 3×7 **21**	H 3×10 **30**	I 3×1 **3**	J 3×9 **27**	K 2×4 **8**	L 3×3 **9**
M 2×3 **6**	N 1×1 **1**	O 2×2 **4**	P 2×1 **2**	Q 2×10 **20**	R 3×5 **15**
S 2×8 **10**	T 3×4 **12**	U 1×7 **7**	V 3×6 **18**		

Attention! Certaines lettres ne sont pas utilisées dans la charade

Page 24

Associe la multiplication à l'addition

Complète la multiplication de la table du 2. Utilise une table de multiplication pour t'aider. Ensuite, écris les sommes. Avec ton surligneur, colorie les additions et les produits qui sont équivalents. Utilise une couleur différente pour chaque paire.

$1 \times 4 = $ **4**	$4 + 4 + 4 + 4 = $ **16**
$2 \times 4 = $ **8**	$4 + 4 + 4 + 4 + 4 = $ **20**
$3 \times 4 = $ **12**	$4 + 4 + 4 + 4 + 4 + 4 + 4 = $ **28**
$4 \times 4 = $ **16**	$4 + 4 + 4 + 4 + 4 + 4 + 4 + 4 + 4 + 4 = $ **40**
$5 \times 4 = $ **20**	$4 + 4 + 4 + 4 + 4 + 4 + 4 + 4 + 4 = $ **36**
$6 \times 4 = $ **24**	$4 + 4 = $ **8**
$7 \times 4 = $ **28**	$4 + 4 + 4 = $ **12**
$8 \times 4 = $ **32**	$4 + 4 + 4 + 4 + 4 + 4 + 4 + 4 + 4 + 4 + 4 = $ **44**
$9 \times 4 = $ **36**	$4 + 4 + 4 + 4 + 4 + 4 + 4 + 4 + 4 + 4 + 4 + 4 = $ **48**
$10 \times 4 = $ **40**	$4 + 4 + 4 + 4 + 4 + 4 + 4 + 4 = $ **32**
$11 \times 4 = $ **44**	$4 + 0 = $ **4**
$12 \times 4 = $ **48**	$4 + 4 + 4 + 4 + 4 + 4 = $ **24**

Page 25

La table du 4

Multiplie. Utilise la légende de couleur pour colorier les produits.

Légende de couleurs
0 - rouge
4 - orange
8 - jaune
12 - vert pâle
16 - vert
20 - bleu pâle
24 - bleu foncé
28 - violet
32 - rose
36 - brun
40 - gris
44 - noir
48 - doré

$8 \times 4 = $ **32**	$0 \times 4 = $ **0**	$3 \times 4 = $ **12**	$9 \times 4 = $ **36**	$6 \times 4 = $ **24**
$5 \times 4 = $ **20**	$2 \times 4 = $ **8**	$1 \times 4 = $ **4**	$7 \times 4 = $ **28**	$11 \times 4 = $ **44**
$12 \times 4 = $ **48**	$8 \times 4 = $ **32**	$2 \times 4 = $ **8**	$7 \times 4 = $ **28**	$9 \times 4 = $ **36**	$4 \times 4 = $ **16**
$10 \times 4 = $ **40**	$6 \times 4 = $ **24**	$3 \times 4 = $ **12**	$5 \times 4 = $ **20**	$12 \times 4 = $ **48**	$1 \times 4 = $ **4**
$11 \times 4 = $ **44**	$0 \times 4 = $ **0**	$10 \times 4 = $ **40**			

Un conseil pour la table du 4:
Double le nombre, puis double cette réponse.
Par exemple, 5×4.
Pense: $5 \times 2 = 10$. Puis $10 \times 2 = 20$.
Donc, $5 \times 4 = 20$.
Souviens-toi de t'exercer à compter par bonds de 4.

Page 26

La table du 4 (suite)

Trouve le produit

A	Ç	E	G	L
$12 \times 4 = $ **48**	$3 \times 4 = $ **12**	$11 \times 4 = $ **44**	$9 \times 4 = $ **36**	$0 \times 4 = $ **0**

D	O	U	R	T
$2 \times 4 = $ **8**	$5 \times 4 = $ **20**	$8 \times 4 = $ **32**	$6 \times 4 = $ **24**	$7 \times 4 = $ **28**

Charade mathématique: Pourquoi les cannibales ne mangent-ils par les clowns? Parce que ...

ÇA GOUTE DRÔLE
12   48   36   20   32   28   44   8   24   20   0   44

Attention! Certaines lettres ne sont pas utilisées dans la charade!

Trouve le facteur manquant.

$3 \times $**4**$ = 12$	**2**$ \times 4 = 8$	$4 \times $**6**$ = 24$	**8**$ \times 4 = 32$
4$ \times 4 = 16$	$4 \times $**7**$ = 28$	**9**$ \times 4 = 36$	$4 \times $**11**$ = 44$
$10 \times $**4**$ = 40$	**4**$ \times 2 = 8$	$4 \times $**12**$ = 48$	**6**$ \times 4 = 24$
4$ \times 9 = 36$	$4 \times $**5**$ = 20$	**1**$ \times 4 = 4$	**0**$ \times 4 = 0$

Page 27

Associe la multiplication à l'addition: la table du 5

Complète la multiplication de la table du 5. Utilise une table de multiplication pour t'aider. Ensuite, écris les sommes. Avec ton surligneur, colorie les additions et les produits qui sont équivalents. Utilise une couleur différente pour chaque paire.

$1 \times 5 = $ **5**	$5 + 5 + 5 + 5 + 5 + 5 + 5 + 5 = $ **40**
$2 \times 5 = $ **10**	$5 + 5 + 5 + 5 + 5 = $ **25**
$3 \times 5 = $ **15**	$5 + 5 + 5 + 5 + 5 + 5 + 5 + 5 + 5 + 5 + 5 + 5 = $ **60**
$4 \times 5 = $ **20**	$5 + 5 + 5 + 5 + 5 + 5 + 5 + 5 + 5 = $ **45**
$5 \times 5 = $ **25**	$5 + 5 + 5 + 5 + 5 + 5 + 5 + 5 + 5 + 5 + 5 = $ **55**
$6 \times 5 = $ **30**	$5 + 5 = $ **10**
$7 \times 5 = $ **35**	$5 + 5 + 5 + 5 + 5 + 5 + 5 + 5 + 5 + 5 = $ **50**
$8 \times 5 = $ **40**	$5 + 5 + 5 = $ **15**
$9 \times 5 = $ **45**	$5 + 5 + 5 + 5 + 5 + 5 = $ **30**
$10 \times 5 = $ **50**	$5 + 0 = $ **5**
$11 \times 5 = $ **55**	$5 + 5 + 5 + 5 + 5 + 5 + 5 = $ **35**
$12 \times 5 = $ **60**	$5 + 5 + 5 + 5 = $ **20**

Page 28 — La table du 5

Multiplie. Utilise la légende de couleur pour colorier les produits.

Légende de couleurs
0 - rouge
5 - orange
10 - jaune
15 - vert pâle
20 - vert
25 - bleu pâle
30 - bleu foncé
35 - rose
40 - brun
45 - gris
50 - noir
60 - doré

8×5	0×5	3×5	9×5	6×5
40	0	15	45	30

1×5	2×5	4×5	7×5	11×5
5	10	20	35	55

12×5	5×8	5×2	5×7	5×9	5×4
60	40	10	35	45	20

5×10	5×6	5×3	5×5	5×12	5×1
50	30	15	25	60	5

5×11	5×0	10×5
55	0	50

Un conseil pour la table du 5:
La réponse se termine toujours par 5 ou 0.
Le produit est la moitié du nombre multiplié par 10.
Par exemple: 5 x 6, la moitié de 6 est 3.
10 x 3 = 30. Donc, 5 x 6 = 30.
Souviens-toi de t'exercer à compter par bonds de 5.

Page 29 — La table du 5 (suite)

Trouve le produit.

A $3 \times 5 =$	U $10 \times 5 =$	E $11 \times 5 =$	F $4 \times 5 =$	I $12 \times 5 =$
15	50	55	20	60

O $6 \times 5 =$	L $7 \times 5 =$	M $8 \times 5 =$	A $9 \times 5 =$	T $5 \times 5 =$
30	35	40	45	25

Charade mathématique: Qu'est-ce qui ressemble le plus à une moitié de pomme?

L A U T R E M O I T I É
35 15 50 25 45 55 40 30 60 25 60 55

Attention!
Certaines lettres ne
sont pas utilisées
dans la charade!

Trouve le facteur manquant.

$3 \times \underline{5} = 15$ $\underline{2} \times 5 = 10$ $5 \times \underline{11} = 55$ $\underline{4} \times 5 = 20$

$\underline{8} \times 5 = 40$ $\underline{0} \times 5 = 0$ $\underline{9} \times 5 = 45$ $5 \times \underline{6} = 30$

$10 \times \underline{5} = 50$ $\underline{7} \times 5 = 35$ $5 \times \underline{1} = 5$ $\underline{5} \times 5 = 25$

$\underline{5} \times 12 = 60$ $2 \times \underline{5} = 10$ $\underline{3} \times 5 = 15$ $1 \times \underline{5} = 5$

Page 30 — Charade mathématique

Que dit un hérisson lorsqu'il voit un cactus?

M A M A N ?
21 20 21 20 25

A 5×4	E 6×3	G 2×4	H 5×3	I 6×5	J 8×4
20	18	8	15	30	32

L 3×4	M 7×3	N 5×5	R 7×5	S 12×5	T 0×5
12	21	25	35	60	0

U 11×4	V 2×3	W 4×4	X 2×5	Y 9×3	Z 7×4
44	6	16	10	27	28

Attention! Certaines lettres ne sont pas utilisées dans la charade.

Page 31 — Associe la multiplication

Complète la multiplication de la table du 6. Utilise une table de multiplication pour t'aider. Ensuite, colorie les sommes. Avec ton surligneur, colorie les additions et les produits qui sont équivalents. Utilise une couleur différente pour chaque paire.

$1 \times 6 = \underline{6}$	$6 + 6 + 6 + 6 + 6 + 6 + 6 + 6 + 6 + 6 + 6 = \underline{66}$
$2 \times 6 = \underline{12}$	$6 + 6 + 6 + 6 + 6 + 6 = \underline{36}$
$3 \times 6 = \underline{18}$	$6 + 6 + 6 + 6 + 6 + 6 + 6 + 6 + 6 + 6 + 6 + 6 = \underline{72}$
$4 \times 6 = \underline{24}$	$6 + 6 + 6 + 6 + 6 + 6 + 6 = \underline{42}$
$5 \times 6 = \underline{30}$	$6 + 6 = \underline{12}$
$6 \times 6 = \underline{36}$	$6 + 6 + 6 + 6 + 6 + 6 + 6 + 6 + 6 = \underline{54}$
$7 \times 6 = \underline{42}$	$6 + 0 = \underline{6}$
$8 \times 6 = \underline{48}$	$6 + 6 + 6 + 6 = \underline{24}$
$9 \times 6 = \underline{54}$	$6 + 6 + 6 + 6 + 6 + 6 + 6 + 6 = \underline{48}$
$10 \times 6 = \underline{60}$	$6 + 6 + 6 + 6 + 6 = \underline{30}$
$11 \times 6 = \underline{66}$	$6 + 6 + 6 = \underline{18}$
$12 \times 6 = \underline{72}$	$6 + 6 + 6 + 6 + 6 + 6 + 6 + 6 + 6 + 6 = \underline{60}$

Page 32 — La table du 6

Multiplie. Utilise la légende de couleur pour colorier les produits.

Légende de couleurs
0 - rouge
6 - orange
12 - jaune
18 - vert pâle
24 - vert
30 - bleu foncé
36 - bleu foncé
42 - violet
48 - pink
54 - rose
60 - gris
66 - noir
72 - doré

8×6	0×6	3×6	9×6	1×6
48	0	18	54	6

5×6	2×6	4×6	7×6	11×6
30	12	24	42	66

12×6	6×8	6×2	6×7	6×9	6×4
72	48	12	42	54	24

6×10	6×6	6×3	6×5	6×12	6×1
60	36	18	30	72	6

6×11	6×0	10×6
66	0	60

Un conseil pour la table du 6:
Quand tu multiplies 6 par un nombre pair, la réponse termine toujours par le facteur par lequel tu as multiplié 6.
Par exemple: 6 x 2 = 12
Dans la réponse, la colonne des dizaines est toujours la moitié de la colonne des unités.
Par exemple, 6 x 6 = 36.
Souviens-toi de t'exercer à compter par bonds de 6.

Page 33 — La table du 6 (suite)

Trouve le produit.

A $2 \times 6 =$	U $7 \times 6 =$	P $8 \times 6 =$	E $9 \times 6 =$	H $10 \times 6 =$
12	42	48	54	60

I $3 \times 6 =$	L $1 \times 6 =$	R $6 \times 6 =$	C $5 \times 6 =$	T $4 \times 6 =$
18	6	36	30	24

Charade mathématique: Quel est le sport le plus silencieux?

L E   P A R A C H U T E !
6   54   48   12   36   12   30   60   42   24   54

Attention!
Certaines lettres ne
sont pas utilisées
dans la charade!

Trouve le terme manquant.

$1 \times \underline{6} = 6$ $2 \times 6 = 12$ $6 \times \underline{3} = 18$ $8 \times 6 = 48$

$7 \times 6 = 42$ $6 \times \underline{11} = 66$ $12 \times 6 = 72$ $6 \times \underline{6} = 36$

$10 \times \underline{6} = 60$ $6 \times 8 = 48$ $6 \times \underline{1} = 6$ $4 \times 6 = 24$

$3 \times 6 = 18$ $6 \times \underline{9} = 54$ $5 \times \underline{6} = 30$ $0 \times 6 = 0$

Page 34 — Multiplier par 4, 5 et 6

Utilise un tableau pour t'aider à trouver le produit. Colorie les nombres impairs en rouge et les nombres pairs en bleu.

9×4	1×6	6×6	9×6	5×5
36	6	36	54	25

4×5	5×4	1×4	8×5	4×6
20	20	4	40	24

3×6	6×4	0×4	2×4	3×5
18	24	0	8	15

0×5	2×6	2×5	5×6	7×5
0	12	10	30	35

GYMNASTIQUE DE CERVEAU

Marina a fabriqué un album de photos de famille. L'album contient 8 pages. Sur chaque page figurent 6 photos. Combien y a-t-il de photos au total dans l'album? Dessine ta démarche pour montrer ton travail. $8 \times 6 = 48$

Page 35 — Charade mathématique

Comment appelle-t-on un pois qui est très maigre?

U N   P O I S   P L U M E
44 30 | 6 36 25 10 | 6 35 44 15 28

A 2×4	B 3×6	C 1×4	D 5×5	E 7×4	F 8×4
8	18	4	25	28	32

G 2×6	H 8×5	I 4×4	J 9×5	K 10×5	L 7×5
12	40	16	45	50	35

M 3×5	N 5×6	O 6×6	P 1×6	Q 1×5	R 5×4
15	30	36	6	5	20

S 5×2	T 6×4	U 11×4	V 10×6	W 8×6	X 7×6
10	24	44	60	48	42

Attention! Certaines lettres ne sont pas utilisées dans la charade.

Page 36 — Associe la multiplication à l'addition: la table du 7

Complète la multiplication de la table du 7. Utilise une table de multiplication pour t'aider. Ensuite, écris les sommes. Avec ton surligneur, colorie les additions et les produits qui sont équivalents. Utilise une couleur différente pour chaque paire.

$1 \times 7 = \underline{7}$	$7 + 7 + 7 + 7 + 7 + 7 = \underline{42}$
$2 \times 7 = \underline{14}$	$7 + 7 + 7 + 7 + 7 + 7 + 7 + 7 + 7 = \underline{63}$
$3 \times 7 = \underline{21}$	$7 + 7 + 7 + 7 + 7 = \underline{35}$
$4 \times 7 = \underline{28}$	$7 + 7 + 7 + 7 + 7 + 7 + 7 + 7 + 7 + 7 + 7 + 7 = \underline{84}$
$5 \times 7 = \underline{35}$	$7 + 0 = \underline{7}$
$6 \times 7 = \underline{42}$	$7 + 7 + 7 + 7 + 7 + 7 + 7 + 7 + 7 + 7 + 7 = \underline{77}$
$7 \times 7 = \underline{49}$	$7 + 7 + 7 + 7 = \underline{28}$
$8 \times 7 = \underline{56}$	$7 + 7 + 7 + 7 + 7 + 7 + 7 + 7 + 7 + 7 = \underline{70}$
$9 \times 7 = \underline{63}$	$7 + 7 + 7 = \underline{21}$
$10 \times 7 = \underline{70}$	$7 + 7 + 7 + 7 + 7 + 7 + 7 + 7 = \underline{56}$
$11 \times 7 = \underline{77}$	$7 + 7 = \underline{14}$
$12 \times 7 = \underline{84}$	$7 + 7 + 7 + 7 + 7 + 7 + 7 = \underline{49}$

Page 37 — La table du 7

La table du 7

Multiplie. Utilise la légende de couleur pour colorier les produits.

Colour Key
0 - rouge
14 - jaune
21 - vert pâle
28 - vert
35 - bleu pâle
42 - bleu foncé
49 - violet
56 - rose
63 - brun
70 - gris
77 - noir
84 - doré

8×7	0×7	3×7	9×7	6×7
56	0	21	63	42

5×7	2×7	4×7	1×7	11×7
35	14	28	7	77

12×7	7×8	7×2	7×7	7×9	7×4
84	56	14	49	63	28

7×10	7×6	7×3	7×5	7×12	7×1
70	42	21	35	84	7

7×11	7×0	10×7
77	0	70

Un conseil pour la table du 7:
Multiplie 7 par un nombre proche de celui-ci.
Pour $7 \times 7 =$ tu sais que $7 \times 5 = 35$.
Donc, $7 - 5 = 2$. Ajoute 2 autres 7. Multiplie les 7 restant et ajoute-les au produit.
Pense: $5 \times 7 = 35$ et $2 \times 7 = 14$.
$35 + 14 = 49$. Donc, $7 \times 7 = 49$.
Souviens-toi de t'exercer à compter par bonds de 7.

Page 38 — La table du 7 (suite)

La table du 7 (suite)

Trouve le produit.

A	U	D	E	Y
$6 \times 7 = $ **42**	$7 \times 7 = $ **49**	$3 \times 7 = $ **21**	$9 \times 7 = $ **63**	$10 \times 7 = $ **70**

B	O	N	J	T
$12 \times 7 = $ **84**	$2 \times 7 = $ **14**	$5 \times 7 = $ **35**	$8 \times 7 = $ **56**	$11 \times 7 = $ **77**

Charade mathématique: Comment appelle-t-on 22 bébés qui jouent au soccer?

D U B A B Y F O O T
21 49 72 42 72 70 56 14 14 77

Attention! Certaines lettres ne sont pas utilisées dans la charade!

Trouve le facteur manquant.

$3 \times $ **7** $= 21$	**1** $\times 7 = 7$	$2 \times $ **7** $= 14$	**8** $\times 7 = 56$
7 $\times 6 = 42$	$12 \times $ **7** $= 84$	**9** $\times 7 = 63$	$7 \times $ **10** $= 70$
$7 \times $ **2** $= 14$	**5** $\times 7 = 35$	$7 \times $ **7** $= 49$	**4** $\times 7 = 28$
11 $\times 7 = 77$	$7 \times $ **8** $= 56$	**10** $\times 7 = 70$	**0** $\times 7 = 0$

Page 39 — Associe la multiplication à l'addition: la table du 8

Associe la multiplication à l'addition: la table du 8

Complète la multiplication de la table du 8. Utilise une table de multiplication pour t'aider. Ensuite, écris les sommes. Avec ton surligneur, colorie les additions et les produits qui sont équivalents. Utilise une couleur différente pour chaque paire.

$1 \times 8 = $ **8**	$8+8+8+8+8+8+8+8+8+8+8+8 = $ **96**
$2 \times 8 = $ **16**	$8+8+8+8+8+8 = $ **48**
$3 \times 8 = $ **24**	$8+8+8+8+8+8+8+8+8+8+8 = $ **88**
$4 \times 8 = $ **32**	$8 + 0 = $ **8**
$5 \times 8 = $ **40**	$8+8+8+8+8+8+8+8+8+8 = $ **80**
$6 \times 8 = $ **48**	$8+8+8 = $ **24**
$7 \times 8 = $ **56**	$8+8+8+8+8+8+8+8 = $ **64**
$8 \times 8 = $ **64**	$8+8+8+8+8 = $ **40**
$9 \times 8 = $ **72**	$8+8 = $ **16**
$10 \times 8 = $ **80**	$8+8+8+8 = $ **32**
$11 \times 8 = $ **88**	$8+8+8+8+8+8+8+8+8 = $ **72**
$12 \times 8 = $ **96**	$8+8+8+8+8+8+8 = $ **56**

Page 40 — La table du 8

La table du 8

Multiplie. Utilise la légende de couleur pour colorier les produits.

Légende de couleurs
0 - rouge
8 - orange
16 - jaune
24 - vert pâle
32 - vert
40 - bleu pâle
48 - bleu foncé
56 - violet
64 - rose
72 - brun
80 - gris
88 - noir
96 - doré

8×8	0×8	3×8	9×8	6×8
64	0	24	72	48

5×8	2×8	4×8	7×8	11×8
40	16	32	56	88

12×8	8×1	8×2	8×7	8×9	8×4
96	8	16	56	72	32

8×10	8×6	8×3	8×5	8×12	8×1
80	48	24	40	96	8

8×11	8×0	10×8
88	0	80

Un conseil pour la table du 8:
Double 4 donne 8, donc double le nombre multiplié par 4 pour trouver le multiple de 8.
Pour $8 \times 8 =$ tu sais que $4 \times 8 = 32$.
Ensuite, double le produit $32 \times 2 = 64$.
Donc, $8 \times 8 = 64$.
Souviens-toi de t'exercer à compter par bonds de 8.

Page 41 — La table du 8 (suite)

La table du 8 (suite)

Trouve le produit.

A	C	D	H	I
$6 \times 8 = $ **48**	$2 \times 8 = $ **16**	$4 \times 8 = $ **32**	$9 \times 8 = $ **72**	$10 \times 8 = $ **80**

P	R	N	M	L
$12 \times 8 = $ **96**	$0 \times 8 = $ **0**	$5 \times 8 = $ **40**	$8 \times 8 = $ **64**	$7 \times 8 = $ **56**

Charade mathématique: Quel vêtement les vampires ne peuvent-ils pas porter?

U N C H A M P D A I L
56 64 16 72 48 64 96 32 48 80 56

Attention! Certaines lettres ne sont pas utilisées dans la charade!

Trouve le facteur manquant.

$3 \times $ **8** $= 24$	**1** $\times 8 = 8$	$2 \times $ **8** $= 16$	**6** $\times 8 = 48$
5 $\times 8 = 40$	$8 \times $ **9** $= 72$	$7 \times $ **8** $= 56$	$12 \times $ **8** $= 96$
$10 \times $ **8** $= 80$	$3 \times $ **8** $= 24$	$8 \times $ **4** $= 32$	$11 \times $ **8** $= 88$
$12 \times $ **8** $= 96$	$4 \times $ **8** $= 32$	$8 \times $ **8** $= 64$	$0 \times $ **8** $= 0$

Page 42 — Associe la multiplication à l'addition

Associe la multiplication à l'addition

Complète la multiplication de la table du 9. Utilise une table de multiplication pour t'aider. Ensuite, écris les sommes. Avec ton surligneur, colorie les additions et les produits qui sont équivalents. Utilise une couleur différente pour chaque paire.

$1 \times 9 = $ **9**	$9+9+9+9+9+9+9+9+9+9+9 = $ **99**
$2 \times 9 = $ **18**	$9+9+9+9+9+9 = $ **54**
$3 \times 9 = $ **27**	$9+9+9+9+9+9+9+9+9+9+9+9 = $ **108**
$4 \times 9 = $ **36**	$9+9+9+9+9+9+9 = $ **63**
$5 \times 9 = $ **45**	$9+9 = $ **18**
$6 \times 9 = $ **54**	$9+9+9+9+9+9+9+9+9+9 = $ **90**
$7 \times 9 = $ **63**	$9 + 0 = $ **9**
$8 \times 9 = $ **72**	$9+9+9+9 = $ **36**
$9 \times 9 = $ **81**	$9+9+9+9+9+9+9+9+9 = $ **81**
$10 \times 9 = $ **90**	$9+9+9+9+9 = $ **45**
$11 \times 9 = $ **99**	$9+9+9 = $ **27**
$12 \times 9 = $ **108**	$9+9+9+9+9+9+9+9 = $ **72**

Page 43 — La table du 9

La table du 9

Multiplie. Utilise la légende de couleur pour colorier les produits.

Légende de couleurs
0 - rouge
9 - orange
18 - jaune
27 - vert pâle
36 - vert
45 - bleu pâle
54 - bleu foncé
63 - violet
72 - rose
81 - brun
90 - gris
99 - noir
108 - doré

8×9	0×9	3×9	1×9	6×9
72	0	27	9	54

5×9	2×9	4×9	7×9	11×9
45	18	36	63	99

12×9	9×2	9×2	9×7	9×9	9×4
108	72	18	63	81	36

9×10	9×6	9×3	9×5	9×12	9×1
90	54	27	45	108	9

9×11	9×0	10×9
99	0	90

Un conseil pour la table du 9:
Multiplie le nombre par 10, puis, soustrais 1.
Par exemple, $7 \times 9 =$
Pense: $7 \times 10 = 70$. $70 - 7 = 63$.
Donc, $7 \times 9 = 63$.
Souviens-toi de t'exercer à compter par bonds de 9.

Page 44 — La table du 9 (suite)

La table du 9 (suite)

Trouve le produit.

A	C	D	E	I
$7 \times 9 = $ **63**	$5 \times 9 = $ **45**	$11 \times 9 = $ **99**	$3 \times 9 = $ **27**	$8 \times 9 = $ **72**

L	Q	U	R	T
$2 \times 9 = $ **18**	$1 \times 9 = $ **9**	$6 \times 9 = $ **54**	$12 \times 9 = $ **108**	$4 \times 9 = $ **36**

Charade mathématique: Quel est le sport préféré des insectes ?

L E C R I Q U E T
18 27 45 108 72 9 54 27 36

Attention! Certaines lettres ne sont pas utilisées dans la charade!

Trouve le facteur manquant.

$9 \times $ **1** $= 9$	**9** $\times 9 = 81$	$9 \times $ **2** $= 18$	**8** $\times 9 = 72$
4 $\times 9 = 36$	**0** $\times 9 = 0$	$5 \times 9 = 45$	$9 \times $ **11** $= 99$
$10 \times $ **9** $= 90$	**12** $\times 9 = 108$	$9 \times $ **3** $= 27$	**6** $\times 9 = 54$
$11 \times $ **9** $= 99$	$9 \times $ **5** $= 45$	$7 \times $ **9** $= 63$	$9 \times $ **2** $= 18$

Page 45 — Utilise un modèle pour multiplier par 9

Utilise un modèle pour multiplier par 9

Utilise la table du 10 pour t'aider à multiplier par 9.

$9 \times 6 = $

Tu sais que 10×6 est 1 groupe de 6 de plus que 9×6.
$10 \times 6 = 60$.
Maintenant, enlève un groupe de 6.
$60 - 6 = 54$
Donc, $9 \times 6 = 54$.

Utilise la table du 10 pour t'aider à multiplier par 9. Laisse des traces de ta démarche.

a) $9 \times 7 = $ $10 \times 7 = 70$
$70 - 7 = 63$
Donc, $9 \times 7 = 63$.

b) $9 \times 3 = $ $10 \times 3 = 30$
$30 - 3 = 27$
Donc, $9 \times 3 = 27$.

Utilise des modèles de dizaines et unités pour t'aider à apprendre la table du 9.

$1 \times 9 = $	**9**
$2 \times 9 = $	**1 8**
$3 \times 9 = $	**2 7**
$4 \times 9 = $	**3 6**
$5 \times 9 = $	**4 5**
$6 \times 9 = $	**5 4**
$7 \times 9 = $	**6 3**
$8 \times 9 = $	**7 2**
$9 \times 9 = $	**8 1**
$10 \times 9 = $	**9 0**

b) Quels modèles de dizaines et unités remarques-tu la table du 9?

Le chiffre à la position des dizaines augmente de 1 à chaque fois et le chiffre à la position des unités diminue de 1 à chaque fois.

Page 46 — Multiplier par 7, 8 et 9

Utilise un tableau pour t'aider à trouver le produit.
Colorie les produits impairs en rouge et les pairs en bleu.

9 × 9 = **81**	1 × 7 = **7**	4 × 7 = **28**	2 × 8 = **16**	4 × 8 = **32**
5 × 8 = **40**	5 × 9 = **45**	1 × 9 = **9**	3 × 8 = **24**	6 × 9 = **54**
8 × 8 = **64**	9 × 7 = **63**	0 × 9 = **0**	2 × 9 = **18**	3 × 7 = **21**
0 × 8 = **0**	7 × 7 = **49**	2 × 7 = **14**	5 × 7 = **35**	6 × 7 = **42**

GYMNASTIQUE DE CERVEAU

Bill a 8 tablettes de livres. Sur chaque tablette, il y a 9 livres. Combien y a-t-il de livres sur les tablettes au total? Dessine ta démarche.

$$8 \times 9 = 72$$

Page 47 — Charade mathématique

Je mesure 3 mètres, j'ai 4 bras, 18 yeux, 6 jambes et 3 nez. Qui suis - je?

UN | MENTEUR
81 45 | 49 36 45 72 36 81 7

A	B	D	E	F	G
3 × 8 = **24**	1 × 8 = **8**	2 × 8 = **16**	4 × 9 = **36**	4 × 7 = **28**	2 × 7 = **14**
H	**I**	**J**	**K**	**L**	**M**
1 × 9 = **9**	6 × 8 = **48**	5 × 8 = **40**	3 × 7 = **21**	10 × 8 = **80**	7 × 7 = **49**
N	**O**	**P**	**Q**	**R**	**S**
5 × 9 = **45**	3 × 9 = **27**	6 × 9 = **54**	8 × 8 = **64**	7 × 7 = **7**	8 × 7 = **56**
T	**U**	**V**	**W**	**Y**	**Z**
9 × 8 = **72**	9 × 9 = **81**	5 × 7 = **35**	4 × 8 = **32**	9 × 7 = **63**	2 × 9 = **18**

Attention! Certaines lettres ne sont pas utilisées dans la charade.

Page 48 — Associe la multiplication à l'addition

Complète la multiplication de la table du 10. Utilise une table de multiplication pour t'aider. Ensuite, écris les sommes. Avec ton surligneur, colorie les additions et les produits qui sont équivalents. Utilise une couleur différente pour chaque paire.

1 × 10 = **10**   10 + 10 + 10 + 10 = **40**
2 × 10 = **20**   10 + 10 + 10 + 10 + 10 = **50**
3 × 10 = **30**   10 + 10 + 10 + 10 + 10 + 10 + 10 + 10 = **80**
4 × 10 = **40**   10 + 10 + 10 + 10 + 10 + 10 + 10 + 10 + 10 + 10 = **100**
5 × 10 = **50**   10 + 10 + 10 + 10 + 10 + 10 + 10 = **70**
6 × 10 = **60**   10 + 10 = **20**
7 × 10 = **70**   10 + 10 + 10 = **30**
8 × 10 = **80**   10 + 10 + 10 + 10 + 10 + 10 + 10 + 10 + 10 + 10 + 10 = **110**
9 × 10 = **90**   10 + 10 + 10 + 10 + 10 + 10 + 10 + 10 + 10 + 10 + 10 + 10 = **120**
10 × 10 = **100**   10 + 10 + 10 + 10 + 10 + 10 + 10 + 10 + 10 = **90**
11 × 10 = **110**   10 + 0 = **10**
12 × 10 = **120**   10 + 10 + 10 + 10 + 10 + 10 = **60**

Page 49 — La table du 10

Multiplie. Utilise la légende de couleur pour colorier les produits.

Légende de couleurs
0 - rouge
10 - orange
20 - jaune
30 - vert pâle
40 - vert
50 - bleu pâle
60 - bleu foncé
70 - violet
80 - rose
90 - brun
100 - gris
110 - noir
120 - doré

8 × 10 = **80**	0 × 10 = **0**	3 × 10 = **30**	9 × 10 = **90**	6 × 10 = **60**
5 × 10 = **50**	2 × 10 = **20**	4 × 10 = **40**	7 × 10 = **70**	11 × 10 = **110**
12 × 10 = **120**	10 × 8 = **80**	10 × 2 = **20**	10 × 7 = **70**	10 × 9 = **90**	10 × 4 = **40**
10 × 10 = **100**	10 × 6 = **60**	10 × 3 = **30**	10 × 5 = **50**	10 × 12 = **120**	10 × 1 = **10**
10 × 11 = **110**	10 × 0 = **0**	1 × 10 = **10**			

Conseil pour multiplier par 10: Quand tu multiplies par 10, tu fais qu'ajouter un 0! Par exemple, 6 x 10 = 60. Souviens-toi de t'exercer à faire des bonds de 10.

Page 50 — La table du 10 (suite)

Trouve le produit.

A. 12 × 10 = **120**   N. 4 × 10 = **40**   U. 5 × 10 = **50**   E. 8 × 10 = **80**   L. 7 × 10 = **70**
M. 10 × 3 = **30**   O. 1 × 10 = **10**   R. 6 × 10 = **60**   S. 9 × 10 = **90**   T. 0 × 10 = **0**

Charade mathématique:
Qu'est-ce qui est jaune et qui tourne par terre?

UN TOURNE-SOL
50 40 0 10 50 60 40 90 10 70

Attention! Certaines lettres ne sont pas utilisées dans la charade!

Trouve le facteur manquant.

3 × **10** = 30   **5** × 10 = 50   10 × **11** = 110   **6** × 10 = 60
10 × 2 = 20   10 × **9** = 90   **0** × 10 = 0   10 × **1** = 10
10 × **7** = 70   **10** × 10 = 100   5 × **10** = 50   **8** × 10 = 80
10 × 12 = 120   11 × **10** = 110   **4** × 10 = 40   2 × **10** = 20

Page 51 — Charade mathématique

Comment les joueurs de hockey mangent-ils leurs carottes?

EN | RONDELLES
27 12 | 8 100 12 45 27 4 4 27 64

A	D	E	F	H	I
9 × 4 = **36**	9 × 5 = **45**	3 × 9 = **27**	3 × 3 = **9**	4 × 4 = **16**	5 × 5 = **25**
L	**M**	**N**	**O**	**S**	**R**
4 × 1 = **4**	5 × 6 = **30**	2 × 6 = **12**	10 × 10 = **100**	8 × 8 = **64**	4 × 2 = **8**
W	**Y**				
7 × 10 = **70**	5 × 8 = **40**				

Attention! Certaines lettres ne sont pas utilisées dans la charade.

GYMNASTIQUE DE CERVEAU

8 × **7** = 56   9 × **9** = 81   6 × **6** = 42   8 × **8** = 64

Page 52 — Associe la multiplication à l'addition

Complète la multiplication de la table du 11. Utilise une table de multiplication pour t'aider. Ensuite, écris les sommes. Avec ton surligneur, colorie les additions et les produits qui sont équivalents. Utilise une couleur différente pour chaque paire.

1 × 11 = **11**   11 + 11 + 11 + 11 + 11 + 11 + 11 + 11 + 11 + 11 + 11 + 11 = **132**
2 × 11 = **22**   11 + 11 + 11 + 11 + 11 + 11 + 11 = **77**
3 × 11 = **33**   11 + 11 + 11 + 11 + 11 + 11 + 11 + 11 + 11 = **99**
4 × 11 = **44**   11 + 11 + 11 + 11 + 11 + 11 + 11 + 11 = **88**
5 × 11 = **55**   11 + 11 + 11 = **33**
6 × 11 = **66**   11 + 11 + 11 + 11 + 11 + 11 + 11 + 11 + 11 + 11 + 11 = **121**
7 × 11 = **77**   11 + 11 + 11 + 11 + 11 + 11 + 11 + 11 + 11 + 11 = **110**
8 × 11 = **88**   11 + 11 + 11 + 11 + 11 = **55**
9 × 11 = **99**   11 + 11 = **22**
10 × 11 = **110**   11 + 11 + 11 + 11 = **44**
11 × 11 = **121**   11 + 11 + 11 + 11 + 11 + 11 = **66**
12 × 11 = **132**   11 + 0 = **11**

Page 53 — La table du 11

Multiplie. Utilise la légende de couleur pour colorier les produits.

Légende de couleurs
0 - rouge
11 - orange
22 - jaune
33 - vert pâle
44 - vert
55 - bleu pâle
66 - bleu foncé
77 - violet
88 - rose
99 - brun
110 - gris
121 - noir
132 - doré

8 × 11 = **88**	0 × 11 = **0**	3 × 11 = **33**	9 × 11 = **99**	6 × 11 = **66**
5 × 11 = **55**	2 × 11 = **22**	4 × 11 = **44**	7 × 11 = **77**	1 × 11 = **11**
12 × 11 = **132**	11 × 8 = **88**	11 × 2 = **22**	11 × 7 = **77**	11 × 9 = **99**	11 × 4 = **44**
11 × 10 = **110**	11 × 6 = **66**	11 × 3 = **33**	11 × 5 = **55**	11 × 12 = **132**	11 × 1 = **11**
11 × 11 = **121**	11 × 0 = **0**	10 × 11 = **110**			

Conseil pour multiplier par 11: Quand tu multiplies 11 par un chiffre de 1 à 9, tu fais qu'écrire ce facteur 2 fois! Par exemple, 5 x 11 = 55. Souviens-toi de t'exercer à faire des bonds de 11.

Page 54 — La table du 11 (suite)

Trouve le produit.

A. 6 × 11 = **66**   E. 7 × 11 = **77**   Q. 8 × 11 = **88**   L. 9 × 11 = **99**   M. 10 × 11 = **110**
É. 12 × 11 = **121**   B. 0 × 11 = **0**   S. 5 × 11 = **55**   T. 3 × 11 = **33**   U. 4 × 11 = **44**

Charade mathématique:
Quelle est la soirée préférée des ratons laveurs?

LE BAL MASQUÉ
99 77 0 88 99 110 66 55 88 44 132

Attention! Certaines lettres ne sont pas utilisées dans la charade!

Trouve le facteur manquant.

11 × **11** = 121   **4** × 11 = 44   6 × **11** = 55   **6** × 11 = 66
12 × 11 = 132   11 × **3** = 33   **11** × 1 = 11   11 × **7** = 77
10 × **11** = 110   11 × **2** = 22   11 × **9** = 99   **8** × 11 = 88
11 × 6 = 66   11 × **1** = 11   **5** × 11 = 55   **0** × 11 = 0

Page 55

Associe la multiplication à l'addition

Complète la multiplication de la table du 12. Utilise une table de multiplication pour t'aider. Ensuite, écris les sommes. Avec ton surligneur, colorie les additions et les produits qui sont équivalents. Utilise une couleur différente pour chaque paire.

1 × 12 = **12**   12 + 12 + 12 + 12 + 12 + 12 + 12 + 12 + 12 + 12 + 12 + 12 = **144**

2 × 12 = **24**   12 + 12 + 12 + 12 + 12 = **60**

3 × 12 = **36**   12 + 12 + 12 + 12 + 12 + 12 + 12 = **84**

4 × 12 = **48**   12 + 12 + 12 + 12 + 12 + 12 + 12 + 12 + 12 + 12 = **120**

5 × 12 = **60**   12 + 12 + 12 + 12 + 12 + 12 + 12 + 12 = **96**

6 × 12 = **72**   12 + 12 = **24**

7 × 12 = **84**   12 + 12 + 12 = **36**

8 × 12 = **96**   12 + 12 + 12 + 12 + 12 + 12 + 12 + 12 + 12 + 12 + 12 = **132**

9 × 12 = **108**   12 + 12 + 12 + 12 = **48**

10 × 12 = **120**   12 + 0 = **12**

11 × 12 = **132**   12 + 12 + 12 + 12 + 12 + 12 = **72**

12 × 12 = **144**   12 + 12 + 12 + 12 + 12 + 12 + 12 + 12 + 12 = **108**

Page 56

La table du 12

Multiplie. Utilise la légende de couleur pour colorier les produits.

Légende de couleurs
- 0 - rouge
- 12 - orange
- 24 - jaune
- 36 - vert pâle
- 48 - vert
- 60 - bleu pâle
- 72 - bleu foncé
- 84 - violet
- 96 - rose
- 108 - brun
- 120 - gris
- 132 - noir
- 144 - doré

8 ×12	0 ×12	3 ×12	9 ×12	6 ×12
96	0	36	108	72

5 ×12	2 ×12	4 ×12	7 ×12	11 ×12
60	24	48	84	132

1 ×12	12 ×8	12 ×2	12 ×7	12 ×9	12 ×4
12	96	24	84	108	48

12 ×10	12 ×6	12 ×3	12 ×12	12 ×5	12 ×1
120	72	36	144	60	12

12 ×11	12 ×0	10 ×12
132	0	120

Conseil pour multiplier par 12:
Souviens-toi que chaque multiplication a une jumelle! Par exemple, 12 × 3 a une jumelle qui s'appelle 3 × 12! Si tu connais le produit de la table du 3, multiplier devient facile! Souviens-toi de t'exercer à faire des bonds de 12.

Page 57

La table du 12 (suite)

Trouve le produit

A	E	L	M	S
2 × 12 = **24**	12 × 12 = **144**	5 × 12 = **60**	3 × 12 = **36**	1 × 12 = **12**

D	T	U	J	Z
6 × 12 = **72**	7 × 12 = **84**	8 × 12 = **96**	9 × 12 = **108**	10 × 12 = **120**

Charade mathématique: Quelle est la boisson préférée du maître japonais?

L E _ J U S _ D E A U
80 144 108 96 12 72 144 24 96

Attention! Certaines lettres ne sont pas utilisées dans la charade!

3. Trouve le facteur manquant

3 × **12** = 36   **6** × 12 = 72   7 × **12** = 84   **2** × 12 = 24

12 × 4 = 48   9 × **12** = 108   **5** × 12 = 60   12 × **11** = 132

10 × **12** = 120   **1** × 12 = 12   2 × **12** = 24   **8** × 12 = 96

4 × 12 = 48   12 × **5** = 60   **12** × 12 = 144   **0** × 12 = 0

Page 58

Multiplier par 10, 11 et 12

Utilise ta stratégie préférée pour trouver le produit.
Colorie les produits impairs en rouge et les pairs en bleu

3 × 10	6 × 10	2 × 10	1 × 10	4 × 10
30	60	20	10	40

5 × 10	0 × 10	7 × 10	10 × 10	8 × 10
50	0	70	100	80

9 × 10	2 × 12	5 × 11	9 × 11	6 × 12
90	24	55	99	72

1 × 12	7 × 12	4 × 11	2 × 11	10 × 11
12	84	44	22	110

1 × 11	3 × 12	6 × 11	8 × 11	5 × 12
11	36	66	88	60

Page 59

Charade mathématique

À quel endroit les chiens aboient-ils le plus?

L E _ J A P O N
36 84 27 36 42 4 81

A 12 ×3	B 5 ×9	C 8 ×2	D 11 ×11	E 10 ×1	F 8 ×3
36	45	16	121	10	24

G 3 ×7	H 10 ×10	I 11 ×3	J 9 ×3	K 12 ×12	L 3 ×3
21	100	33	27	144	9

M 3 ×2	N 9 ×9	O 2 ×2	P 7 ×6	Q 10 ×2	R 3 ×5
6	81	4	42	20	15

S 5 ×2	T 4 ×3	U 8 ×8	V 3 ×6		
10	12	64	18		

Attention! Certaines lettres ne sont pas utilisées dans la charade!

Page 60

Multiplier par des dizaines

Tu peux utiliser des bâtonnets pour multiplier par 10.
2 × 30 =

= 10

Dessine 2 groupes de 3 dizaines.

2 × 30 = 2 × 3 dizaines = 6 dizaines = 60
Quelle modèle remarques-tu?

2 × 3 = 6
2 × 30 = 60

Donc, 2 × 30 = 60.

Dessine un bâtonnet pour chaque dizaine. Puis, multiplie.

a) 2 × 50 = **100**   b) 3 × 40 = **120**

Utilise le modèle pour multiplier.

a) 6 × 1 = **6**   b) 7 × 2 = **14**   c) 8 × 3 = **24**

6 × 10 = **60**   7 × 20 = **140**   8 × 30 = **240**

Page 61

Multiplier par des centaines

Tu peux utiliser des carrés C pour multiplier par centaines.

C = 100

3 × 200 =
Fais 3 groupes de 2 centaines.

C C   C C   C C

3 × 200 = 3 × 2 centaines = 6 centaines = 600   Donc, 3 × 200 = 600.
Quel modèle remarques-tu?
2 × 3 = 6
2 × 30 = 60
2 × 300 = 600

Dessine un carré pour chaque centaine. Puis, multiplie.

a) 2 × 300 = **600**   b) 6 × 200 = **1200**

Utilise le modèle pour multiplier:

a) 3 × 6 = **18**   b) 7 × 5 = **35**   c) 8 × 4 = **32**

3 × 60 = **180**   7 × 50 = **350**   8 × 40 = **320**

3 × 600 = **1800**   7 × 500 = **3500**   8 × 400 = **3200**

Page 62

Multiplier par des milliers

Tu peux utiliser des carrés M pour multiplier par milliers.

M = 1000

4 × 2000 =
Dessine 4 groupes de 2 milliers.

M M   M M   M M   M M

4 × 2000 = 4 × 2 milliers = 8 milliers = 8000   Donc, 4 × 2000 = 8000.
Quel modèle remarques-tu?
4 × 2 = 8
4 × 20 = 80
4 × 200 = 800
4 × 2000 = 8000

Dessine un carré M pour chaque millier. Puis, multiplie.

a) 5 × 2000 = **10 000**   b) 4 × 3000 = **12 000**

c) 7 × 1000 = **7000**   d) 7 × 4000 = **28 000**

Page 63

Multiplier par 10, 100 et 1000

Multiplie 7 × 5000 = _____
7 × 5 unités = **35** unités = **35**
7 × 5 dizaines = **35** dizaines = **350**
7 × 5 centaines = **35** centaines = **3500**
7 × 5 milliers = **35** milliers = **35 000**
Donc, 7 × 5000 = **35 000**.

Utilise les tables de multiplications et les modèles pour t'aider à multiplier.

a) 4 × 4 = **16**   b) 7 × 7 = **49**   c) 9 × 3 = **27**
4 × 40 = **160**   7 × 70 = **490**   9 × 30 = **270**
4 × 400 = **1600**   7 × 700 = **4900**   9 × 300 = **2700**
4 × 4000 = **16 000**   7 × 7000 = **49 000**   9 × 3000 = **27 000**

d) 7 × 6 = **42**   e) 9 × 2 = **18**   f) 6 × 4 = **24**
7 × 60 = **420**   9 × 20 = **180**   6 × 40 = **240**
7 × 600 = **4200**   9 × 200 = **1800**   6 × 400 = **2400**
7 × 8000 = **42 000**   9 × 2000 = **18 000**   6 × 4000 = **24 000**

g) 3 × 7 = **21**   h) 5 × 5 = **25**   i) 2 × 6 = **12**
3 × 70 = **210**   5 × 50 = **250**   2 × 60 = **120**
3 × 700 = **2100**   5 × 500 = **2500**   2 × 600 = **1200**
3 × 7000 = **21 000**   5 × 5000 = **25 000**   2 × 6000 = **12 000**

64 — Multiplier par 10, 100, et 1000 (suite)

Utilise le modèle pour t'aider à multiplier.

a) 2 × 3 = **6**
2 × 30 = **60**
2 × 300 = **600**
2 × 3000 = **6000**

b) 8 × 2 = **16**
8 × 20 = **160**
8 × 200 = **1600**
8 × 2000 = **16 000**

c) 9 × 4 = **36**
9 × 40 = **360**
9 × 400 = **3600**
9 × 4000 = **36 000**

d) 8 × 7 = **56**
8 × 70 = **560**
8 × 700 = **5600**
8 × 7000 = **56 000**

e) 5 × 7 = **35**
5 × 70 = **350**
5 × 700 = **3500**
5 × 7000 = **35 000**

f) 6 × 6 = **36**
6 × 60 = **360**
6 × 600 = **3600**
6 × 6000 = **36 000**

Multiplie.

a) 4 × 50 = **200**
b) 3 × 700 = **2100**
c) 9 × 1000 = **9000**
d) 6 × 200 = **1200**
e) 8 × 40 = **320**
f) 6 × 600 = **3600**
g) 5 × 500 = **2500**
h) 5 × 80 = **400**
i) 8 × 500 = **4000**
j) 3 × 60 = **180**
k) 7 × 1000 = **7000**
l) 9 × 500 = **4500**
m) 6 × 600 = **3600**
n) 9 × 30 = **270**
o) 1 × 1000 = **1000**
p) 3 × 4000 = **12 000**
q) 2 × 900 = **1800**
r) 3 × 50 = **150**

---

65 — Multiplier des nombres à 2 chiffres par des nombres à 1 chiffre

Étape 1: multiplie les unités.
6 unités × 9 unités = 54 unités
Regroupe 54 en 5 dizaines et 4 unités.

Étape 2: multiplie les dizaines.
1 dizaine × 9 unités = 9 dizaines
Puis, additionne les 5 dizaines regroupées.
9 dizaines + 5 dizaines = 14 dizaines

1 centaine + 4 dizaines + 4 unités.

Multiplie. Regroupe quand c'est nécessaire. Assure-toi de bien aligner tes nombres!

44 × 2 = **88**	18 × 4 = **72**	39 × 5 = **195**	75 × 2 = **150**
15 × 8 = **120**	56 × 3 = **168**	77 × 4 = **308**	46 × 9 = **414**
39 × 3 = **117**	26 × 6 = **156**	69 × 5 = **345**	82 × 7 = **574**

---

66 — Multiplier des nombres 2 chiffres par des nombres 1 chiffres (suite)

Multiplie. Regroupe quand c'est nécessaire. Assure-toi de bien aligner les nombres!

75 × 2 = **150**	51 × 4 = **204**	37 × 5 = **185**	65 × 2 = **130**
96 × 4 = **384**	44 × 5 = **220**	67 × 8 = **536**	84 × 3 = **252**
98 × 2 = **196**	18 × 4 = **72**	47 × 9 = **423**	56 × 9 = **504**
33 × 8 = **264**	92 × 7 = **644**	59 × 6 = **354**	76 × 3 = **228**
85 × 9 = **765**	69 × 2 = **138**	36 × 6 = **216**	77 × 8 = **616**

---

67 — Multiplier des nombres 2 chiffres par des nombres à 1 chiffres (suite)

Multiplie. Regroupe quand c'est nécessaire. Assure-toi de bien aligner les nombres!

38 × 2 = **76**	56 × 5 = **280**	78 × 7 = **546**	63 × 9 = **567**
42 × 6 = **252**	80 × 4 = **320**	97 × 3 = **291**	26 × 5 = **130**
74 × 8 = **592**	76 × 4 = **304**	55 × 7 = **385**	66 × 9 = **594**

GYMNASTIQUE DE CERVEAU

Katie marche 6 km par jour pour aller à l'école. Elle va à l'école 189 jours par année. Quelle est la distance totale que Katie marche pendant l'année scolaire?

6 × 189 = 1134

---

68 — Charade mathématique

Comment range-t-on les pains dans une boulangerie?

E N   O R D R E   C R O I S S A N T
126 156 220 12 570 12 126 344 12 220 96 304 304 118 156 296

A	B	C	D	E	F
59 × 2 = 118	91 × 5 = 455	86 × 4 = 344	95 × 6 = 570	18 × 7 = 126	67 × 3 = 201
G	**H**	**I**	**J**	**K**	**L**
23 × 9 = 207	42 × 8 = 336	16 × 6 = 96	27 × 3 = 81	59 × 9 = 531	45 × 3 = 135
M	**N**	**O**	**P**	**Q**	**R**
34 × 2 = 68	78 × 2 = 156	44 × 5 = 220	35 × 4 = 140	61 × 6 = 366	12 × 1 = 12
S	**T**	**U**	**V**	**W**	**X**
76 × 4 = 304	37 × 8 = 296	54 × 7 = 378	43 × 5 = 215	29 × 6 = 174	88 × 1 = 88

Attention! Certaines lettres ne sont pas utilisées dans la charade.

---

69 — Charade mathématique

Qu'est-ce qui a des dents, mais qui est incapable de manger?

U N   P E I G N E
54 259 304 73 145 252 259 73

A	B	C	D	E	F
72 × 3 = 216	55 × 9 = 495	46 × 8 = 368	65 × 9 = 585	73 × 1 = 73	99 × 4 = 396
G	**H**	**I**	**J**	**K**	**L**
36 × 7 = 252	19 × 4 = 76	29 × 5 = 145	17 × 6 = 102	91 × 5 = 455	37 × 8 = 296
M	**N**	**O**	**P**	**Q**	**R**
54 × 9 = 486	37 × 7 = 259	46 × 7 = 322	38 × 8 = 304	28 × 6 = 168	55 × 1 = 55
S	**T**	**U**	**V**	**W**	**Y**
18 × 5 = 90	82 × 2 = 164	54 × 1 = 54	63 × 2 = 126	64 × 3 = 192	84 × 6 = 504

Attention! Certaines lettres ne sont pas utilisées dans la charade.

---

70 — Charade mathématique

Qu'est-ce qui est plus gros qu'un éléphant et qui pèse une plume?

S O N   O M B R E
651 150 568 150 94 207 58 324

A	B	C	D	E	F
71 × 5 = 355	69 × 3 = 207	14 × 3 = 42	37 × 5 = 185	81 × 4 = 324	82 × 4 = 328
G	**H**	**I**	**J**	**K**	**L**
25 × 8 = 200	58 × 9 = 522	93 × 2 = 186	14 × 4 = 56	69 × 7 = 483	37 × 9 = 333
M	**N**	**O**	**P**	**Q**	**R**
47 × 2 = 94	71 × 8 = 568	25 × 6 = 150	36 × 8 = 288	82 × 1 = 82	58 × 1 = 58
S	**T**	**U**	**V**	**W**	**X**
93 × 7 = 651	92 × 5 = 460	46 × 9 = 414	25 × 7 = 175	73 × 6 = 438	14 × 6 = 84

Attention! Certaines lettres ne sont pas utilisées dans la charade.

---

71 — Charade mathématique

Dans quoi se baignent les extraterrestres?

U N E   P I S C I N E
658 532 31 176 85 96 130 85 532 31

H O R S - T E R R E
72 156 528 96   138 31 528 528 31

A	B	C	D	E	F
66 × 9 = 594	42 × 9 = 378	26 × 5 = 130	15 × 6 = 90	31 × 1 = 31	57 × 8 = 456
G	**H**	**I**	**J**	**K**	**L**
31 × 3 = 93	18 × 4 = 72	85 × 1 = 85	73 × 2 = 146	97 × 5 = 485	29 × 4 = 116
M	**N**	**O**	**P**	**Q**	**R**
98 × 5 = 490	76 × 7 = 532	52 × 3 = 156	44 × 4 = 176	69 × 6 = 414	88 × 6 = 528
S	**T**	**U**	**V**	**W**	**Y**
48 × 2 = 96	69 × 2 = 138	94 × 7 = 658	83 × 8 = 664	78 × 3 = 234	54 × 1 = 54

Attention! Certaines lettres ne sont pas utilisées dans la charade.

---

72 — Charade mathématique

Qui est l'inventeur des mitaines?

U N   N U   M A I N
171 364 364 171 261 184 258 364

A	B	C	D	E	F
23 × 8 = 184	39 × 2 = 78	76 × 6 = 456	44 × 9 = 396	92 × 4 = 368	14 × 6 = 84
G	**H**	**I**	**J**	**K**	**L**
55 × 2 = 110	58 × 3 = 174	43 × 6 = 258	15 × 2 = 30	19 × 1 = 19	76 × 4 = 304
M	**N**	**O**	**P**	**Q**	**R**
87 × 3 = 261	91 × 4 = 364	26 × 9 = 234	34 × 8 = 272	82 × 5 = 410	68 × 1 = 68
S	**T**	**U**	**V**	**W**	**Y**
31 × 5 = 155	13 × 7 = 91	57 × 3 = 171	65 × 1 = 65	21 × 8 = 168	42 × 7 = 294

Attention! Certaines lettres ne sont pas utilisées dans la charade.

Page 73 — Charade mathématique

Avec quelle monnaie les marins paient-ils?

L E S   S O U S   M A R I N S
656 456 388 | 388 273 189 388 | 294 430 53 171 324 388

A	B	C	D	E	F
86 ×5 = 430	64 ×7 = 448	78 ×9 = 702	82 ×8 = 656	76 ×6 = 456	75 ×4 = 300

G	H	I	J	K	L
39 ×2 = 78	13 ×4 = 52	57 ×3 = 171	19 ×6 = 114	24 ×5 = 120	21 ×1 = 21

M	N	O	P	Q	R
42 ×7 = 294	36 ×9 = 324	91 ×3 = 273	68 ×2 = 136	45 ×8 = 360	53 ×1 = 53

S	T	U	V	W	X
97 ×4 = 388	87 ×7 = 609	21 ×9 = 189	39 ×6 = 234	95 ×8 = 760	18 ×5 = 90

Attention! Certaines lettres ne sont pas utilisées dans la charade.

Page 74 — Charade mathématique

Comment appelle-t-on un hibou qui fait un feu?

H I B O U C A N E
329 144 194 450 30 219 168 413 86

A	B	C	D	E	F
28 ×6 = 168	97 ×2 = 194	73 ×3 = 219	64 ×1 = 64	86 ×1 = 86	17 ×2 = 34

G	H	I	J	K	L
53 ×2 = 106	41 ×7 = 287	16 ×9 = 144	94 ×2 = 188	27 ×6 = 162	34 ×2 = 68

M	N	O	P	Q	R
42 ×3 = 126	59 ×7 = 413	75 ×6 = 450	83 ×4 = 332	68 ×5 = 340	31 ×8 = 248

S	T	U	V	W	X
56 ×4 = 224	88 ×8 = 704	15 ×2 = 30	22 ×5 = 110	99 ×9 = 891	75 ×3 = 225

Attention! Certaines lettres ne sont pas utilisées dans la charade.

Page 75 — Charade mathématique

Comment appelle-t-on un chevreuil avec des ailes?

U N   C E R F _ V O L A N T
48 84 | 230 747 152 460 | 280 288 402 415 84 658

A	B	C	D	E	F
83 ×5 = 415	71 ×4 = 284	46 ×5 = 230	37 ×8 = 296	83 ×9 = 747	92 ×5 = 460

G	H	I	J	K	L
76 ×1 = 76	31 ×3 = 93	14 ×5 = 70	25 ×7 = 175	69 ×2 = 138	67 ×6 = 402

M	N	O	P	Q	R
58 ×9 = 522	42 ×2 = 84	96 ×3 = 288	87 ×4 = 348	53 ×6 = 318	19 ×8 = 152

S	T	U	V	W	X
24 ×7 = 168	94 ×7 = 658	48 ×1 = 48	35 ×8 = 280	22 ×9 = 198	15 ×6 = 90

Attention! Certaines lettres ne sont pas utilisées dans la charade.

Page 76 — Multiplier des nombres à plusieurs chiffres

Étape 1 :
Multiple les unités.
6 unités × 5 unités = 30 unités.

Regroupe 30 en 3 dizaines et 0 unités.

Étape 2 :
Multiple les dizaines.
1 dizaine × 5 unités = 5 dizaines.

Puis, additionne les 3 dizaines regroupées.
5 dizaines + 3 dizaines = 8 dizaines.

Étape 3 :
Multiple les centaines.
3 centaines × 5 unités = 15 centaines.

Regroupe 1500 en 1 millier et 5 centaines.

Puisqu'il n'y a pas d'autre millier, écris le 1 dans la réponse.

Multiplie. Regroupe lorsque c'est nécessaire.

256 ×3 = 768	368 ×2 = 736	195 ×5 = 975	374 ×4 = 1496
214 ×7 = 1498	133 ×6 = 798	901 ×8 = 7208	600 ×9 = 5400

Page 77 — Multiplier des nombres à plusieurs chiffres (suite)

Multiplie. Regroupe lorsque c'est nécessaire.

339 ×6 = 2034	506 ×3 = 1518	671 ×4 = 2684	890 ×5 = 4450
165 ×2 = 330	304 ×6 = 1824	453 ×8 = 3624	281 ×7 = 1967
924 ×9 = 8316	875 ×5 = 4375	752 ×8 = 6016	604 ×6 = 3624
8233 ×2 = 16 466	1923 ×3 = 5769	4517 ×5 = 22 585	6023 ×4 = 24 092
2790 ×8 = 22 320	3451 ×7 = 24 157	5061 ×6 = 30 366	4819 ×9 = 43 371

Page 78 — Multiplier des nombres à plusieurs chiffres (suite)

Multiplie. Regroupe lorsque c'est nécessaire.

453 ×6 = 2718	256 ×3 = 768	690 ×4 = 2760	449 ×5 = 2245
398 ×2 = 796	560 ×6 = 3360	981 ×8 = 7848	544 ×7 = 3808
775 ×9 = 6975	913 ×5 = 4565	822 ×8 = 6576	676 ×6 = 4056
9155 ×2 = 18 310	2451 ×3 = 7353	3426 ×5 = 17 130	7902 ×4 = 31 608
3842 ×8 = 30 736	5628 ×7 = 39 396	9654 ×6 = 57 924	3752 ×9 = 33 768

Page 79 — Charade mathématique

Comment appelle-t-on un chou qui est tombé dans l'océan?

U N   C H O U
1792 949 1008 2817 3492 1792
M A R I N
2792 2166 2286 4120 949

A	B	C	D	E	F
361 ×6 = 2166	673 ×8 = 5384	252 ×4 = 1008	585 ×9 = 5265	141 ×8 = 1128	492 ×9 = 4428

G	H	I	J	K	L
932 ×5 = 4660	313 ×9 = 2817	824 ×5 = 4120	225 ×1 = 225	713 ×7 = 4991	132 ×2 = 264

M	N	O	P	Q	R
698 ×4 = 2792	949 ×1 = 949	582 ×6 = 3492	854 ×2 = 1708	473 ×6 = 2838	762 ×3 = 2286

S	T	U	V	W	Y
362 ×3 = 1086	771 ×2 = 1542	256 ×7 = 1792	885 ×3 = 2655	142 ×5 = 710	993 ×4 = 3972

Attention! Certaines lettres ne sont pas utilisées dans la charade.

Page 80 — Estime un produit en arrondissant un facteur

Pour estimer, arrondis au moins 1 facteur pour rendre la multiplication plus facile. Les facteurs sont les nombres que tu multiplies ensemble.

Arrondir 1 facteur :

Estime : 7 × 96   Arrondis 96 à 100.

Pense : pour 7 × 100, tu sais que 7 × 10 = 70. Ajoute un 0 pour multiplier par 100. Le produit estimé est 7 × 100 = 700.

Estime le produit en arrondissant un des facteur. Laisse des traces de ta démarche. Indice : arrondis-le à la dizaine ou la centaine la plus proche.

a) 3 × 57	b) 11 × 58	c) 6 × 216
3 × 60 = 180	11 × 60 = 660	6 × 200 = 1200

d) 6 × 77	e) 8 × 65	f) 50 × 59
6 × 80 = 480	8 × 70 = 560	50 × 60 = 3000

g) 9 × 34	h) 60 × 22	i) 40 × 89
9 × 40 = 360	60 × 20 = 1200	40 × 90 = 3600

Page 81 — Estime un produit en arrondissant un facteur (suite)

Estime le produit en arrondissant un des facteurs. Laisse des traces de ta démarche. Indice : arrondis-le à la dizaine ou la centaine la plus proche.

a) 5 × 66	b) 8 × 72	c) 4 × 123
5 × 70 = 350	8 × 70 = 560	4 × 100 = 400

d) 5 × 88	e) 3 × 55	f) 2 × 98
5 × 90 = 450	3 × 60 = 180	2 × 100 = 200

g) 7 × 15	h) 3 × 24	i) 9 × 99
7 × 20 = 140	3 × 30 = 90	9 × 100 = 900

j) 9 × 44	k) 8 × 65	l) 3 × 59
9 × 50 = 450	8 × 70 = 560	3 × 60 = 180

Page 82

Arrondir les 2 facteurs:
Estime: 32 × 67   Arrondis les 2 facteurs.
32 est proche de 30 et 67 est proche de 70.
Pense: pour 30 × 70, tu sais que 3 × 7 = 21. Ajoute les zéros de 30 et de 70. Le produit estimé est donc: 30 × 70 = 2100.

Estime le produit en arrondissant les 2 facteurs. Laisse des traces de ta démarche.

a) 44 × 33
50 × 30 = 1500

b) 25 × 79
30 × 80 = 2400

c) 38 × 88
40 × 90 = 3600

d) 63 × 52
60 × 50 = 3000

e) 78 × 21
80 × 20 = 1600

f) 37 × 48
40 × 50 = 2000

g) 51 × 735
50 × 700 = 35 000

h) 29 × 339
30 × 300 = 9000

i) 41 × 467
40 × 500 = 20 000

GYMNASTIQUE DE CERVEAU

Un autobus pour une sortie scolaire peut transporter 48 élèves. Combien d'élèves peuvent être transportés par 8 autobus?

a) Estime
50 × 10 = 500

b) Calcule
48 × 8 = 384

82

Page 83

Estime le produit en arrondissant les 2 facteurs. Laisse des traces de ta démarche.

a) 53 × 22
50 × 20 = 1000

b) 16 × 81
20 × 80 = 1600

c) 33 × 78
30 × 80 = 2400

d) 45 × 33
50 × 30 = 1500

e) 25 × 99
30 × 100 = 3000

f) 61 × 52
60 × 50 = 3000

g) 75 × 43
80 × 40 = 3200

h) 89 × 26
90 × 30 = 2700

i) 19 × 67
20 × 70 = 1400

j) 31 × 54
30 × 60 = 1800

k) 59 × 441
60 × 400 = 24 000

l) 51 × 558
50 × 600 = 30 000

83

Page 84

Multiplie.

1. 5 × 7 = 35
2. 3 × 6 = 18
3. 1 × 2 = 2
4. 2 × 8 = 16
5. 0 × 9 = 0
6. 6 × 8 = 48
7. 6 × 9 = 54
8. 7 × 6 = 42
9. 7 × 3 = 21
10. 9 × 2 = 18
11. 4 × 4 = 16
12. 5 × 1 = 5
13. 4 × 7 = 28
14. 9 × 3 = 27
15. 8 × 8 = 64
16. 0 × 3 = 0
17. 2 × 4 = 8
18. 6 × 8 = 48
19. 2 × 7 = 14
20. 12 × 12 = 144
21. 9 × 9 = 81
22. 5 × 6 = 30
23. 9 × 4 = 36
24. 3 × 3 = 9
25. 7 × 5 = 35
26. 8 × 0 = 0
27. 8 × 2 = 16
28. 4 × 1 = 4
29. 6 × 6 = 36
30. 2 × 5 = 10
31. 0 × 4 = 0
32. 1 × 9 = 9
33. 8 × 4 = 32
34. 1 × 5 = 5
35. 3 × 9 = 27
36. 9 × 5 = 45
37. 5 × 8 = 40
38. 8 × 3 = 24
39. 7 × 7 = 49
40. 10 × 10 = 100

Nombre de bonnes réponses
40

84

Page 85

Multiplie.

1. 9 × 3 = 27
2. 8 × 2 = 16
3. 10 × 5 = 50
4. 0 × 1 = 0
5. 2 × 6 = 12
6. 6 × 7 = 42
7. 6 × 4 = 24
8. 3 × 7 = 21
9. 2 × 3 = 6
10. 4 × 9 = 36
11. 6 × 11 = 66
12. 4 × 5 = 20
13. 5 × 5 = 25
14. 3 × 5 = 15
15. 9 × 8 = 72
16. 2 × 7 = 14
17. 7 × 4 = 28
18. 2 × 2 = 4
19. 6 × 3 = 18
20. 12 × 10 = 120
21. 0 × 7 = 0
22. 8 × 7 = 56
23. 2 × 1 = 2
24. 7 × 2 = 14
25. 4 × 6 = 24
26. 6 × 2 = 12
27. 9 × 7 = 63
28. 6 × 5 = 30
29. 8 × 5 = 40
30. 5 × 3 = 15
31. 4 × 3 = 12
32. 6 × 9 = 54
33. 1 × 6 = 6
34. 7 × 9 = 63
35. 3 × 8 = 24
36. 9 × 1 = 9
37. 6 × 9 = 54
38. 7 × 8 = 56
39. 7 × 1 = 7
40. 10 × 9 = 90

Nombre de bonnes réponses
40

85

Page 86

Multiplie.

1. 1 × 1 = 1
2. 3 × 3 = 9
3. 11 × 5 = 55
4. 7 × 7 = 49
5. 9 × 9 = 81
6. 2 × 8 = 16
7. 4 × 12 = 48
8. 8 × 10 = 80
9. 1 × 2 = 2
10. 3 × 4 = 12
11. 4 × 6 = 24
12. 6 × 11 = 66
13. 0 × 8 = 0
14. 9 × 6 = 54
15. 5 × 1 = 5
16. 7 × 6 = 42
17. 10 × 9 = 90
18. 2 × 6 = 12
19. 6 × 11 = 66
20. 10 × 12 = 120
21. 5 × 12 = 60
22. 7 × 10 = 70
23. 9 × 8 = 72
24. 6 × 6 = 36
25. 4 × 11 = 44
26. 1 × 2 = 2
27. 2 × 11 = 22
28. 8 × 1 = 8
29. 0 × 10 = 0
30. 12 × 3 = 36
31. 5 × 6 = 30
32. 7 × 5 = 35
33. 9 × 12 = 108
34. 3 × 1 = 3
35. 4 × 4 = 16
36. 8 × 6 = 48
37. 10 × 3 = 30
38. 3 × 11 = 33
39. 9 × 7 = 63
40. 4 × 9 = 36

Nombre de bonnes réponses
40

86

Page 87

Multiplie.

1. 11 × 12 = 132
2. 3 × 10 = 30
3. 5 × 8 = 40
4. 7 × 2 = 14
5. 9 × 3 = 27
6. 2 × 4 = 8
7. 4 × 7 = 28
8. 8 × 11 = 88
9. 1 × 11 = 11
10. 3 × 9 = 27
11. 5 × 7 = 35
12. 6 × 5 = 30
13. 11 × 10 = 110
14. 0 × 9 = 0
15. 5 × 2 = 10
16. 7 × 4 = 28
17. 12 × 12 = 144
18. 2 × 7 = 14
19. 5 × 5 = 25
20. 10 × 9 = 90
21. 5 × 12 = 60
22. 7 × 10 = 70
23. 9 × 8 = 72
24. 8 × 8 = 64
25. 4 × 12 = 48
26. 1 × 7 = 7
27. 2 × 10 = 20
28. 8 × 12 = 96
29. 10 × 10 = 100
30. 0 × 2 = 0
31. 5 × 1 = 5
32. 7 × 3 = 21
33. 11 × 11 = 121
34. 3 × 8 = 24
35. 4 × 6 = 24
36. 8 × 7 = 56
37. 2 × 2 = 4
38. 3 × 6 = 18
39. 9 × 5 = 45
40. 4 × 9 = 36

Nombre de bonnes réponses
40

87

Page 88

Multiplie.

1. 1 × 20 = 20
2. 3 × 300 = 900
3. 5 × 4000 = 20 000
4. 7 × 50 = 350
5. 9 × 600 = 5400
6. 2 × 7000 = 14 000
7. 4 × 80 = 320
8. 8 × 100 = 800
9. 1 × 2000 = 2000
10. 3 × 70 = 210
11. 4 × 800 = 3200
12. 6 × 9000 = 54 000
13. 8 × 40 = 320
14. 9 × 500 = 4500
15. 5 × 6000 = 30 000
16. 7 × 700 = 4900
17. 10 × 50 = 500
18. 2 × 3000 = 6000
19. 8 × 20 = 120
20. 10 × 800 = 8000
21. 5 × 5000 = 25 000
22. 7 × 600 = 4200
23. 9 × 70 = 630
24. 5 × 9000 = 45 000
25. 4 × 400 = 1600
26. 1 × 30 = 30
27. 2 × 2000 = 4000
28. 8 × 700 = 5600
29. 10 × 40 = 400
30. 2 × 9000 = 18 000
31. 5 × 100 = 500
32. 7 × 90 = 630
33. 9 × 300 = 2700
34. 3 × 7000 = 21 000
35. 4 × 50 = 200
36. 8 × 300 = 2400
37. 10 × 8000 = 80 000
38. 3 × 600 = 1800
39. 9 × 40 = 360
40. 4 × 200 = 800

Nombre de bonnes réponses
40

88

---

www.ingramcontent.com/pod-product-compliance
Lightning Source LLC
Chambersburg PA
CBHW081343090426
42737CB00017B/3273